AF001968

Kohlhammer

Susanne Egert

Erfolgreich erziehen helfen

Elternarbeit in Jugendhilfe, Kita und Schule

Verlag W. Kohlhammer

*Für Malaika und Chris,
meine wunderbaren Kinder,
auf die ich jeden Tag stolz bin.*

Alle Rechte vorbehalten
© 2011 W. Kohlhammer GmbH Stuttgart
Umschlag: Gestaltungskonzept Peter Horlacher
Umschlagmotiv: © istockphoto.com/Steve Debenport
Gesamtherstellung:
W. Kohlhammer Druckerei GmbH + Co. KG, Stuttgart

ISBN 978-3-17-022078-2

Vorwort

Das Gute zu sehen, den Eltern zutiefst wertschätzend zu begegnen und niemals aufzugeben, ist die Grundhaltung und ein essentielles Anliegen der Autorin. Sie prägen das Rendsburger Elterntraining ebenso wie die Ausbildung darin und werden in diesem Buch ausführlicher geschildert und begründet. Die eingestreuten Aphorismen machen diese Grundhaltung auf ihre Weise deutlich. (Der Leser möge der Autorin ihre Vorliebe für Aphorismen nachsehen!)

Diese Grundeinstellung verbunden mit praktisch umgesetzter Fachlichkeit zu vermitteln, ist auch ein Anliegen dieses Buches. Es soll den größtmöglichen Nutzen haben für alle, die v. a. in der Jugendhilfe professionell mit Eltern arbeiten. Das Buch gibt viele Anregungen, wie man fachliche Zusammenhänge für Eltern verständlich und umsetzbar machen kann.

Es befähigt nicht zur Durchführung des Rendsburger Elterntrainings, dazu ist eine praktische Ausbildung in Form der Multiplikatorenkurse unerlässlich und unersetzlich. Das wird jeder bestätigen, der an dieser Ausbildung teilgenommen hat. Aber viele praktische Tipps für die allgemeine Elternarbeit sollen die Leser dieses Buches anregen und hoffentlich bereichern und ihre Möglichkeiten in der täglichen Praxis erweitern.

Dieses Buch orientiert sich am Aufbau und an den Inhalten des Rendsburger Elterntrainings. Es schildert Inhalte, Didaktik und Methoden, die in der Elternarbeit bedeutsam sind, quasi beispielhaft am Rendsburger Elterntraining auf einer allgemeineren Ebene. Alle Grundhaltungen, Prinzipien, Handlungsleitlinien und natürlich ebenso und ganz besonders konkrete praktische Umsetzungshinweise können auf andere Formen der Elternarbeit übertragen und dort sinnvoll angewendet werden.

Zusätzlich enthält das Buch Infokästen für Fachleute und solche für Eltern, die die Inhalte ergänzen und veranschaulichen und insofern auch wieder von praktischem, direkt einsetzbarem Nutzen sind. Die Infokästen für Eltern enthalten Informationen und Anregungen zu grundlegenden Fragen der Erziehung. Sie sind dazu gedacht, an die Eltern weitergegeben zu werden, entweder im Gespräch oder schriftlich, und sollen insofern auch den Praktikern als Unterstützung dienen.

Die konkrete und detaillierte Beschreibung der einzelnen Einheiten des Rendsburger Elterntrainings bleibt ebenso wie die Materialien für Eltern und Trainer dem Trainermanual vorbehalten, das ausschließlich im Rahmen der Trainerausbildung erhältlich ist.

Inzwischen sind aus der Praxis weitere Varianten des Rendsburger Elterntrainings entstanden, die spezielle Zielgruppen ansprechen:
- Das Rendsburger Elterntraining/Kindergartenalter ist als präventives Programm für Elterngruppen mit ausschließlich Kindern bis fünf Jahren in Kindertagesstätten im Einsatz.
- Das Rendsburger Lehrertraining vermittelt Lehrern vielfältige Möglichkeiten im Umgang mit Schülern, die jeweils praktisch eingeübt werden. Zusätzlich werden auch Kenntnisse über die häufigsten Störungsbilder bei Kindern vermittelt, die das Verständnis dieser Syndrome und den Umgang damit erleichtern.

Elterntrainings und Elternschulen schießen in letzter Zeit wie Pilze aus dem Boden. Die Notwendigkeit von gezielter intensiver Verbesserung der Erziehungskompetenz von Eltern wird allerorten gesehen und inzwischen auch mehr und mehr praktiziert. Das Rendsburger Elterntraining leistet dazu seit über 30 Jahren einen qualifizierten Beitrag. 1976 im Zusammenhang mit einer ambulanten Erziehungshilfe für verhaltensauffällige Kinder und deren Familien entwickelt, hat es sich v. a. in der Jugendhilfe bewährt, es hat Eltern Hilfestellung bei der Erziehung gegeben und wird seitdem in unterschiedlichen Kontexten erfolgreich eingesetzt.

Es freut mich besonders, dass auch immer wieder Elterntrainer äußern, wie viel Freude es ihnen macht, mit dem Programm zu arbeiten und die Veränderungen bei den Eltern vom Beginn bis zum Ende eines Kurses zu sehen. Eine Trainerin brachte dies mit dem Satz auf den Punkt: „Das Elterntraining ist das Highlight meiner Arbeitswoche!" Sicherlich liegt das auch daran, dass in den Elterntrainingskursen ebenso wie in den Multiplikatorenkursen viel gelacht wird. Verhalten zu verändern, kann Spaß machen!

Ich wünsche den Lesern viel Freude beim Lesen dieses Buches und hoffe sehr, dass sie es für ihre Arbeit anregend und hilfreich finden.

Susanne Egert

Inhalt

Vorwort 9

1 Eltern wirksam erreichen – die Vielfalt praktischer Möglichkeiten 11

1.1	Grundlagen erfolgreicher Elternarbeit	13
1.2	Neurowissenschaftliche Ergebnisse	16
1.3	Gesprächsführung in der Elternarbeit	19
1.4	Zusätzliche Ansatzpunkte für den Umgang mit „schwierigem" Elternverhalten	22
1.5	Anschauliche Vermittlung häufiger Themen in der Elternarbeit	24
1.5.1	Säuglinge und Kleinkinder	25
1.5.2	Die kindliche Sicht auf die Welt	28
1.5.3	Schlafstörungen	30
1.5.4	Die Bedeutung der vestibulären Stimulation für die psychosoziale Entwicklung	33
1.5.5	Fachliche Beratung der Eltern in Bezug auf Auffälligkeiten des Kindes	42
1.5.6	Kinder in der Pubertät	45
1.6	Unkonventionelle Wege in der Elternarbeit	48
1.7	Formen der Elternarbeit	52
1.8	Kurzinformation zum Rendsburger Elterntraining	53

2 Aufbau des Rendsburger Elterntrainings 57

3	**Die einzelnen Phasen des Elterntrainings**	62
3.1	Die Einführungs- und Sensibilisierungsphase	63
3.2	Die gesprächstherapeutische Phase	68
3.3	Die lerntheoretische Phase	81
3.3.1	Positive Verstärkung	83
3.3.2	Bestrafung und natürliche Konsequenzen	92
3.3.3	Löschung	96
3.3.4	Lernen am Modell	101
3.3.5	Grenzen setzen und konsequent sein	102
3.4	Die kommunikationstheoretische Phase	104
3.5	Die Konfliktlösungsphase	108

4	**Effekte, Ergebnisse, Erfahrungen**	112
4.1	Inhaltliche Grundlagen als Wirkungsfaktoren im Elterntraining	112
4.1.1	Resilienzforschung	113
4.1.2	Erziehungsstilforschung	116
4.2	Daten	119
4.2.1	Ratings der Eltern, der Kinder und Katamnese	119
4.2.2	Die Abschlussfragebögen	120
4.2.3	Einschätzungen durch die Elterntrainer	122
4.2.4	Studie zur Evaluation	125
4.3	Wirkung des Elterntrainings	131
4.3.1	Empathie	131
4.3.2	Positives Modell	133
4.3.3	Kommunikationskompetenz	137
4.3.4	Verhaltenstherapeutische Methoden	137
4.3.5	Selbstwirksamkeit	138
4.3.6	Die grundlegende Haltung	139

4.4	Veränderungen der Klientel, der Inhalte und der Methoden	140
4.5	Grenzen	142
5	**Einsatzmöglichkeiten**	**145**
6	**Abschlussbemerkungen**	**153**

Glossar	154
Verzeichnis der Infokästen	160
Literatur	162

1

Eltern wirksam erreichen – die Vielfalt praktischer Möglichkeiten

> *Den Gebrauch der Kräfte, die man hat,*
> *ist man denen schuldig, die sie nicht haben.*
> Carl Schurz

Elternarbeit ist bei der therapeutischen und pädagogischen Arbeit mit Kindern immer ein wesentlicher Bestandteil, dessen Bedeutung im Laufe der Jahre mehr und mehr ins Bewusstsein gerückt ist. Die Zusammenarbeit mit den Eltern im Bereich der Jugendhilfe ist inzwischen sogar vom Gesetz verpflichtend vorgesehen.

Viele Familien stehen gelegentlich oder öfter Situationen gegenüber, in denen sie sich von auftretenden Erziehungsproblemen überfordert fühlen.

Eltern reagieren aus Unkenntnis und Hilflosigkeit häufig Konflikt verschärfend oder resignieren. Die Folge ist oft, dass die Erziehungs- und Entwicklungsbedürfnisse der Kinder nicht in ausreichendem Maße befriedigt werden, so dass es zu Fehlentwicklungen und Verhaltensauffälligkeiten kommt.

Dabei bestehen häufig auf beiden Seiten emotionale Bindungen und der Wunsch nach harmonischem Zusammenleben. Die Eltern möchten ihre Kinder gerne verantwortungsvoll selbst erziehen, wissen aber nicht, wie sie dies unter den gegebenen Umständen und bei den bereits aufgetretenen Problemen in die Praxis umsetzen können. Sie erkennen Zusammenhänge zwischen Auffälligkeiten ihrer Kinder und ihrem eigenen Verhalten nicht. Sie sind mit ihrem bisherigen Erziehungsverhalten gescheitert oder drohen zu scheitern, kennen aber keine Alternativen und fühlen sich trotz guten Willens ratlos, hilflos und überfordert.

Wenn Eltern ihre genuine Aufgabe der Erziehung ihrer Kinder nicht mehr oder nur unzureichend wahrnehmen können, benötigen sie im Interesse aller Betroffenen Hilfe.

Es ist normal, dass im Zusammenleben zwischen Eltern und Kindern auch immer wieder Probleme auftreten. Entscheidend ist, wie die Familien mit diesen Problemen umgehen. Als Modell zur Problemlösung bei Erziehungsproblemen haben Eltern in der Regel lediglich ihre eigenen Eltern und ihre eigene Erfahrung als Kind zur Verfügung. Wenn dies nicht mehr ausreicht, benötigen Eltern fachkundige Unterstützung in Erziehungsfragen. Dabei ist es bei Problemhäufungen sinnvoller und in der Regel langfristig effektiver, nicht bei jedem einzelnen Problem von Fall zu Fall zu beraten, sondern den Erziehungsstil der Eltern insgesamt so zu verändern, dass zahlreiche Probleme von vornherein gar nicht mehr auftreten bzw. die Eltern sich in der Lage fühlen, viele Erziehungsprobleme künftig selbst zu lösen.

Hierzu ist ein Veränderungsprozess erforderlich, der in einem längeren Zeitraum eine Einstellungsänderung und die praktische Umsetzung neuen Erziehungsverhaltens im Alltag bewirkt. Dabei wird davon ausgegangen, dass Eltern Erziehungsfehler nicht vorsätzlich machen. Es geht daher nicht darum, Eltern für bisherige Fehler anzuklagen und zur Rechenschaft zu ziehen. Schuldzuweisungen sind kontraproduktiv, da sie Veränderungen eher behindern. Vielmehr muss am emotionalen Interesse der Eltern an ihren Kindern und am Leidensdruck der Eltern angesetzt werden. Vorhandene Ressourcen müssen aktiviert und die Motivation für Veränderungen gestärkt werden, indem reale Möglichkeiten und Wege zu einem konfliktfreieren, zufriedenerem Zusammenleben für beide Seiten aufgezeigt und erlernt werden.

Damit wird die Erziehungskompetenz der Eltern deutlich gestärkt und Familien werden im Sinne von Hilfe zur Selbsthilfe unabhängiger von externer Hilfe. Eltern werden darin unterstützt, ihre Erziehungsverantwortung besser wahrzunehmen.

1.1 Grundlagen erfolgreicher Elternarbeit

Um Eltern wirklich zu erreichen und Veränderungen in ihrem Verhalten zu bewirken, sind nach Überzeugung und aus der langjährigen Erfahrung der Autorin einige grundlegende Einstellungen und Verhaltensweisen unverzichtbar. Sie sind die Grundlagen erfolgreicher Elternarbeit jeder Art.

Infokasten 1: Grundlagen erfolgreicher Elternarbeit

> 1. Die Eltern so akzeptieren, wie sie sind, mit allen Schwächen und Unzulänglichkeiten. Sie als Menschen unbedingt wertschätzen.
> 2. Mit den Stärken – nicht gegen die Schwächen! Die vorhandenen Ressourcen und Stärken erkennen und daran ansetzen, seien sie auch noch so gering. Jeder macht irgendetwas richtig!
> 3. Bereits kleinste positive Schritte erkennen und verstärken, nicht warten, bis alles perfekt ist!
> 4. Verhaltensweisen, Gefühle und Bedürfnisse des Kindes den Eltern nachempfindbar (nicht nachvollziehbar!) machen. Veränderungen passieren nur zum geringen Teil über den Verstand!

1. Die Eltern so akzeptieren, wie sie sind, mit allen Schwächen und Unzulänglichkeiten. Sie als Menschen unbedingt wertschätzen.
Diese Haltung mag selbstverständlich erscheinen, sie sollte es jedenfalls sein. Allerdings erleben viele „einfach strukturierte" Eltern aus den sogenannten „bildungsfernen Schichten" täglich etwas ganz anderes. Sie werden oftmals nicht respektiert, nicht ernst genommen und abfällig behandelt. Gerade die sozial benachteiligten Eltern erleben häufig Stigmatisierung, Ausgrenzung und Abwertung. Will man Menschen erreichen, so ist deren unbedingte Wertschätzung unabdingbar. Diese Haltung ist nicht etwa mit Schauspielerei zu verwechseln, sondern sie kann dann aufrichtig sein, wenn man sich klar macht, wie schwer es Eltern oftmals fällt, neues Verhalten zu erlernen, z. B. Gefühle ihrer Kinder oder auch ihre eigenen Gefühle anzusprechen. Oftmals bemühen sie sich nach ihren Kräften, das Beste für ihre Kinder zu erreichen und ihr Leben zu organisieren, und das sollte ehrlich gewürdigt werden. Insbesondere das ehrliche Bemühen um Verbesserungen für die Kinder oder eine vielleicht intuitiv gelingende emotionale Zuwendung zu den Kindern müssen anerkannt werden. Umso mehr, wenn man sich klarmacht, unter welch widrigen Umständen dies manchmal trotz allem geschieht. Bei allen Einschränkungen und Begrenzungen, die manche Eltern haben, sind sie deshalb aber als Mensch ja nicht weniger wert. Wenn sich die Eltern wertgeschätzt fühlen, so setzt dies Kräfte bei ihnen frei und versetzt sie in die Lage, ihrerseits freundlich, respektvoll und liebevoll mit ihren Kindern umzugehen.

Dieses Credo der Autorin lässt sich inzwischen auch durch Untersuchungsergebnisse belegen. „Nur ein hohes Ausmaß an Achtung/Wertschätzung des Therapeuten für den Patienten, an einfühlendem Verstehen sowie an Aufrichtigkeit/Fassadenfreiheit … korrelierte deutlich mit Selbstauseinandersetzung und positiven Endergebnissen des Patienten" (Tausch 2007).

Das Herz ist der Schlüssel
der Welt und des Lebens.
Novalis

2. Mit den Stärken, nicht gegen die Schwächen! Die vorhandenen Ressourcen und Stärken erkennen und daran ansetzen, seien sie auch noch so gering. Jeder macht irgendetwas richtig!

Niemand macht nur alles falsch. Es ist klug, sich die Stärken eines Menschen zunutze zu machen, um etwas zu verändern, anstatt gegen seine Schwächen anzuarbeiten. Das spart Energie, ist aussichtsreicher und erfolgversprechender. Dies gilt übrigens auch für das Arbeitsleben. Dieses Vorgehen setzt allerdings voraus, dass man die Stärken auch erkennt und sie gegebenenfalls sucht. Oft sind Menschen gewohnt, auf das Negative zu schauen; es fällt oft leichter. Sinnvoller und erfolgreicher ist das Gegenteil! Wir setzen daher immer bei dem an, was schon funktioniert, und bauen darauf auf. Auf diese Weise werden die Eltern ermutigt, Verhalten zu ändern und diese Veränderungen auszubauen. Gegen Schwächen anzukämpfen, bewirkt dagegen unter Umständen Reaktanz, auf jeden Fall kostet es viel Energie. Diese ist besser in den sukzessiven Aufbau neuen Verhaltens investiert. Es ist sinnvoll und Kraft sparend, wenn jeder Mensch seine Fähigkeiten und Talente einsetzen kann, anstatt ausgerechnet das von ihm zu verlangen, was er nicht so gut kann.

Daran knüpft auch das nächste Element erfolgreicher Elternarbeit an:

Es ist besser, ein Licht anzuzünden,
als über die Dunkelheit zu jammern.
Englisches Sprichwort

3. Bereits kleinste positive Schritte erkennen und verstärken, nicht warten, bis alles perfekt ist!

Wenn Verhalten verändert oder neu aufgebaut werden soll, so fällt das den Betroffenen oft schwer. Verhaltensänderungen erfolgen in kleinen Schritten. Würden wir warten, bis alles perfekt ist, so könnten wir lange warten. Das positive Verstärken der kleinsten Schritte in die richtige Richtung baut dagegen Schritt für Schritt neues Verhalten auf und ermutigt zu weiteren Veränderungen. Wiederum setzt dies voraus, dass wir diese kleinsten Schritte in die richtige Richtung auch bemerken oder nach ihnen suchen.

Auch der längste Marsch beginnt mit einem Schritt.
Chinesisches Sprichwort

4. **Verhaltensweisen, Gefühle und Bedürfnisse des Kindes den Eltern** *nachempfindbar* **(nicht nachvollziehbar!) machen. Veränderungen passieren nur zum geringen Teil über den Verstand!**
Hierbei handelt es sich um ein didaktisches Prinzip, um die Frage: „Wie lernen Menschen"?

Wenn wir Änderungen erreichen wollen, so geschieht das in erster Linie über Emotionen und innere Beteiligung. Außer vielleicht bei einigen Akademikern passiert Lernen neuen Verhaltens nicht über den Verstand. Zum Beispiel weiß jeder, dass Rauchen ungesund ist. Dennoch führt dies nicht unbedingt dazu, dass Menschen aufhören zu rauchen. Wenn wir nun das Erziehungsverhalten verändern wollen, so müssen wir die Eltern in die Lage versetzen, Gefühle, Bedürfnisse und Verhaltensweisen ihrer Kinder nachzuempfinden, sich in sie hineinzuversetzen. Es entsteht kein neues Verhalten, wenn wir Eltern nur Wissen und Information vermitteln. Dem stimmen sie vielleicht sogar zu oder finden es interessant, es befähigt sie jedoch noch nicht, auch danach zu handeln.

Man sieht nur mit dem Herzen gut.
Das Wesentliche ist für die Augen unsichtbar.
Antoine de Saint-Exupéry

1.2 Neurowissenschaftliche Ergebnisse

Diese aus der jahrelangen praktischen Arbeit mit Eltern gewonnenen Erfahrungen lassen sich auch durch Erkenntnisse der Neurowissenschaften belegen:

Wenn neues Verhalten aufgebaut werden soll, „müssen *neue* neuronale Erregungsmuster herausgebildet werden. D.h. der Schwerpunkt muss auf *Veränderung* des Problems liegen, auf der Herausbildung *neuer* Gedanken, Verhaltensweisen, Emotionen" (Grawe 2004, S. 55). Es ist unter diesem Aspekt wenig sinnvoll, auf die Vergangenheit zu blicken und versuchen zu ergründen, wie es zu der heutigen Situation kommen konnte. Wichtig ist, dass „die neuen neuronalen Verbindungen oft wiederholt werden, damit sie fest genug gebahnt werden" (a.a.O., S. 56). Je öfter sie benutzt werden, desto schneller und kräftiger werden sie. Deshalb sollte über neues Verhalten nicht nur geredet werden, sondern es sollte intensiv durch Rollenspiele und Übungen eingeübt werden.

> *Es gibt nichts Gutes, außer man tut es.*
> Wilhelm Busch

Damit die Inhalte, die vermittelt werden, auch tatsächlich in Erinnerung bleiben, ist eine emotionale Beteiligung der Eltern wichtig. Ziel ist also nicht etwa andächtige Stille bei den Eltern oder in einer Elterngruppe, mit allenfalls noch zustimmendem Nicken, sondern eine aktiv teilnehmende, anregende, emotionale Atmosphäre. Denn „Eine Neuverschaltung des Gehirns ... kann dann am erfolgreichsten sein, wenn eine ausreichend hohe Emotionalisierung des Patienten erreicht wird" (Grawe 2004, S. 240). Dies erklärt auch, weshalb das Nach*empfinden* von Gefühlen und Bedürfnissen wichtiger ist als das Nach*vollziehen*.

Der didaktische Ansatz und der Weg, um die Inhalte dauerhaft zu speichern und sie in relevanten Situationen zu erinnern, ist also das emotionale Lernen.

„Die Rolle der Emotionen beim Lernen ist kaum zu überschätzen. Neutrales Material wird in Abhängigkeit davon, in welchem emotionalen Zustand es gelernt wird, in jeweils anderen Bereichen gespeichert. Während das erfolgreiche Einspeichern von Wörtern in positivem emotionalem Kontext im Hippocampus geschieht, speichert der Mandelkern neutrale Wörter in negativem emotionalem Kontext" (Spitzer 2006, S. 28).

„Wenn wir wollen, dass unsere Kinder und Jugendlichen in der Schule für das Leben lernen, dann muss eines in der Schule stimmen: die emotionale Atmosphäre beim Lernen (vgl. auch Kubesch 2002). Wir wissen damit nicht nur, dass Lernen bei guter Laune am besten funktioniert, sondern sogar, warum Lernen nur bei guter Laune erfolgen sollte. Nur dann nämlich kann das Gelernte später zum Problemlösen überhaupt verwendet werden!" (a.a.O., S. 29).

„Gelernt wird nicht nur am besten, wenn damit eine Aktivität des Lernenden verbunden ist, sondern wenn diese Aktivität auch Spaß macht" (a.a.O., S. 88).

*Alles, was beim Lernen Freude macht,
unterstützt das Gedächtnis.*
Johann Amos Comenius

Alle Inhalte müssen mit einfachen Worten und Sätzen, ohne Fach- und Fremdwörter, mit einer bildhaften Sprache, anschaulich und mit vielen Beispielen unterlegt vermittelt werden.

Infokasten 2: Einfache Sprache

- Keine Fremdwörter
- Keine Fachausdrücke
- Anschauliche Sprache

Markante Begriffe oder auch Bilder und Metaphern als Ankerreize erleichtern die Erinnerung an Inhalte und Situationen, so dass diese in einer entsprechenden realen Situation mit dem Kind auch tatsächlich verfügbar sind. Quintessenzen fassen Sachverhalte u. a. kurz und prägnant zusammen und erleichtern so das Abspeichern und das Abrufen in einer passenden Situation. So lassen sich auch komplizierte Inhalte und Zusammenhänge verständlich vermitteln: Darüber hinaus werden Inhalte in verschiedenen Kontexten und unter unterschiedlichen Blickwinkeln betrachtet. Dadurch werden sie in vielfältiger Weise verknüpft und in unterschiedlichen Bezügen verankert.

Ergebnisse der Neurowissenschaften untermauern diese Prinzipien und gelten selbstverständlich nicht nur für Kinder, sondern genauso für Erwachsene:

„Bekannt ist hingegen, dass die Stärke des emotionalen Zustandes, den der Schüler als Interesse, Begeisterung, Gefesseltsein empfindet, mit der Gedächtnisleistung positiv korreliert" (Roth in Caspari 2006, S. 65).

„Deshalb ist es ratsam, Dinge im ersten Schritt anschaulich und alltagsnah darzustellen, so dass die Kinder sich etwas dabei vorstellen können" (a. a. O., S. 66).

„Dinge, die für den Lernenden neu, d. h. nicht anschlussfähig sind, fallen durch die Gedächtnisnetze hindurch, weil sie nirgendwo Brücken zu bereits vorhandenem Wissen bilden können" (a. a. O., S. 66).

Aus der Therapieforschung ist bekannt, dass Therapien mit besonders guter Wirkung, unabhängig von einer Therapieschule, gemeinsame Merkmale haben:

Sie nutzen Eigenarten, die die Patienten in die Therapie mitbringen, als positive Ressourcen. Dieses Ergebnis entspricht dem oben erläuterten „Mit den Stärken, nicht gegen die Schwächen!"

- Sie machen Probleme, die in der Therapie verändert werden sollen, dem Patienten unmittelbar erfahrbar. Dieses Merkmal entspricht dem oben beschriebenen „Verhaltensweisen, Gefühle und Bedürfnisse des Kindes den Eltern *nachempfindbar* (nicht nachvollziehbar!) machen".
- Sie unterstützen den Patienten aktiv darin, positive Bewältigungserfahrungen im Umgang mit seinem Problem zu machen. Dieses Element entspricht dem oben genannten „Bereits kleinste positive Schritte erkennen und verstärken, nicht warten, bis alles perfekt ist!" (Grawe 2005, S. 7)

1.3 Gesprächsführung in der Elternarbeit

Um Gespräche mit Eltern so zu führen, dass diese sich einerseits verstanden fühlen und sie andererseits auch Dinge aufnehmen und umsetzen, haben sich einige grundlegende Verhaltensweisen bewährt. Diese sind nicht nur im Elterntraining hilfreich, sondern genauso auch im Einzelgespräch, das vielleicht vor oder nach dem Elterntraining oder auch in anderen Kontexten geführt wird.

Zunächst sollte durch die äußeren Umstände eine günstige Ausgangssituation geschaffen werden. Das mag trivial klingen, ist aber dennoch eine grundlegende Voraussetzung, die relativ leicht herstellbar und sehr hilfreich ist.

Bewährte Verhaltensweisen im Gespräch mit Eltern:
- auf die Eltern zugehen,
- freundlich begrüßen,
- lächeln,

- bewirten (Tee, Kaffee, Kekse),
- ruhige Atmosphäre herstellen (ggf. Anrufbeantworter einschalten),
- Zeit nehmen/einplanen,
- offen sein für die Eltern.

Dann gilt es, eine freundliche, offene Atmosphäre herzustellen, die ein vertrauensvolles Gespräch überhaupt erst ermöglicht. Die folgenden Verhaltensweisen am Beginn eines Gesprächs sind geeignet, dies zu erreichen.

Gesprächsöffner:
- Positives,
- Unverfängliches,
- Lächeln, Blickkontakt,
- „Mitgehen" mit dem, was die Eltern sagen (Rapport herstellen),
- nonverbale Signale,
- sich auf den Sprachcode der Klienten angemessen einstellen und sich diesem anpassen,
- positive Verstärkung.

Nonverbal regeln:
- Stimmlage (warm),
- Sprechtempo (langsam),
- Blickkontakt,
- Körperhaltung (zugewandt).

Wenn unangenehme Dinge zu besprechen sind, ist es besonders wichtig, behutsam vorzugehen, damit die Eltern zuhören und sich dem jeweiligen Thema auch öffnen. Es kommt daher darauf an, nicht anklagend oder maßregelnd zu reden, sondern möglichst sachlich.

Manchmal möchten Kinder nicht, dass die Eltern erfahren, dass die Kinder sich über häusliche Probleme geäußert haben. Dann kann es hilfreich sein, das Gespräch mit einer allgemeinen Feststellung zu beginnen, ohne zu sagen „Ihr Kind hat uns gesagt …". Man kann beginnen mit: „Die Erfahrung zeigt, dass Kinder, die … machen, in der Regel … (bestimmte Dinge erlebt haben)". Oder „Das (was das Kind an Verhalten zeigt) kommt häufig vor, wenn …" usw. Falls es um Gewalt der Eltern gegen das Kind geht, muss man jedoch unmissverständlich Stellung beziehen und sehr deutlich machen, dass dies aufhören muss, dass Gewalt niemals pädagogisch sinnvoll ist, sondern immer ein Zeichen von Hilflosigkeit!

Die folgenden Verhaltensweisen können hilfreich sein, wenn heikle Themen angesprochen werden sollen.

Ansprechen von unangenehmen Dingen:
- mit etwas Positivem anfangen (z. B. positive Entwicklung des Kindes),
- die bisherige Zusammenarbeit loben (positive Verstärkung für die Eltern),
- keine Konfrontation,
- an realen Beobachtungen ansetzen/diese berichten („Wir haben beobachtet, dass …"); da dies eine einfache Tatsache ist und keine Vermutung, kann dies nicht bestritten werden;
- evtl. „allgemeine" Schlussfolgerungen oder Statements „viele Kinder …", „im Allgemeinen …", anstatt den Eltern Vorwürfe zu machen oder sie hart zu konfrontieren,
- Gefühle des Kindes beleuchten,
- Schlussfolgerungen/Handlungen entwickeln.

Zusätzliche Möglichkeiten (insbesondere bei aggressivem Verhalten):
- Attribution von positiven Verhaltensweisen („Sie sind ja jemand, der sehr umsichtig ist …"), die Person wird sich dann eher gemäß der zugeschriebenen Eigenschaft verhalten;
- gezielte positive Verstärkung angemessenen, nicht aggressiven Verhaltens,
- Löschung von unangemessenem Verhalten,
- Rückmeldeschleife einbauen „Habe ich Sie richtig verstanden, Sie meinen …", das verlangsamt das Gespräch und nimmt so Aggression heraus;
- Körperhaltung angleichen (dieselbe Körperhaltung einzunehmen wie der Gesprächspartner, wird als sympathisch empfunden).

1.4 Zusätzliche Ansatzpunkte für den Umgang mit „schwierigem" Elternverhalten

Was von Fachkräften als „schwieriges" Verhalten bei Eltern empfunden wird, ist natürlich sehr subjektiv. Aggressives und ablehnendes Verhalten wird meist so empfunden. Aber auch mangelndes Verständnis bzw. intellektuelle Möglichkeiten oder mangelndes Bemühen können als schwierig empfunden werden. Die Eltern kommen zum ersten Kontakt oft mit gemischten Gefühlen. Es ist wichtig, sich dies bewusst zu machen, um dann die möglichen Ängste schnell abzubauen.

Infokasten 3: Ausgangssituation bei den Eltern

- Schuldgefühle,
- Hilflosigkeit,
- Verzweiflung,
- Ängste, sich zu öffnen,
- Skepsis oder Ängste wegen evtl. schlechter Erfahrungen im Umgang mit offiziellen Stellen,
- Abwehr wegen Druck von außen,
- evtl. Instrumentalisierungsabsicht (z. B. gegenüber getrenntem Ehepartner, Jugendamt oder Gericht wegen Sorgerecht)

Die folgenden Methoden können in diesen Fällen hilfreich sein:
- *Empathie wecken*
  Zugang zu den Gefühlen der Kinder und zu den eigenen Gefühlen herstellen:
  – Gefühle nachempfindbar machen,
  – Achtsamkeitsübungen,
  – Rollenspiele mit Rollentausch mit Eltern und Eltern/Kind;
- *Schuldgefühle nehmen*
  – betonen, dass Erziehung eine anspruchsvolle Aufgabe ist, für die die Eltern keine Ausbildung erhalten haben („Führerschein", s. auch Kapitel 3.1 „Einführungs- und Sensibilisierungsphase"),

- das Suchen von fachlicher Hilfe als „Zeichen nicht von Schwäche, sondern von Verantwortungsgefühl" darstellen,
- positive Verstärkung bisheriger Bemühungen;
- *Selbstwertgefühl stärken*
  - den Eltern rückmelden, dass sie „gute Eltern" sind,
  - positive Ansätze verstärken;
- *Selbstwirksamkeit stärken*
Wenn die Eltern vom Erfolg berichten bezüglich einer Veränderung zu Hause, so sollten die Fachkräfte fragen: „Wie haben Sie das geschafft?" (Also nicht „Wie kam das denn?"). Dadurch attribuieren sie den Erfolg den Eltern, er trat durch ihren Einsatz, ihre Bemühungen ein und nicht etwa zufällig. Dies fördert bei den Eltern das Gefühl der Selbstwirksamkeit; sie merken also, die Dinge um sie herum beeinflussen zu können. Diese Überzeugung ist ein Faktor psychischer Gesundheit;
- *Entwicklung von Kompetenzen*
  - praktische Hilfe,
  - Lernen am Modell,
  - positive Verstärkung;
- *Nähe zum Kind fördern*
  - massive Verstärkung für positive Interaktionen mit dem Kind,
  - Elternteil muss etwas Positives für *sich* mit dem Kind verknüpfen.

Außerdem haben sich folgende Interventionen bewährt:
- Fortschritte herausarbeiten,
- systematischer Verhaltensaufbau durch gezielten Einsatz von positiver Verstärkung und Shaping (ggf. Einsatz von Token-Systemen bei den Eltern),
- operationalisieren (beobachtbares Verhalten beschreiben, also „Du legst die Wäsche auf den Boden, dazwischen stellst Du Teller mit Essensresten", nicht allgemeine Feststellungen benutzen wie „Du bist unordentlich" etc.),
- anschauliche Beispiele, bildhafte Sprache,
- pointierte, überzogene Beispiele zur Veranschaulichung,
- Provokationen, um Haltungen oder Gefühle deutlich zu machen und herauszuarbeiten,
- Humor,

- verbindliche und konkrete Absprachen treffen,
- durch Modellverhalten das Verhalten der Eltern regeln; ruhiger, langsamer Tonfall regelt die Eltern herunter,
- Verbalisierung emotionaler Erlebnisinhalte (verständnisvolles Zuhören),
- die Selbstbestimmung und Entscheidungsbefugnis der Eltern betonen, um Reaktanz zu vermeiden („Sie *müssen* ja nichts ändern, aber wenn sie es *wollen*, zeigen wir den Weg dazu"),
- die Eltern dazu führen, dass sie selbst Entscheidungen fällen und sich nicht bevormundet fühlen,
- die Eltern zunächst ganz praktisch entlasten (z. B. Kind abholen, mit dem Kind zum Arzt gehen etc.),
- zunächst geringe Anforderungen stellen,
- im weiteren Verlauf kann aber auch Druck, u. U. in Zusammenarbeit mit dem Jugendamt, notwendig und sinnvoll sein („Wir bieten Ihnen Hilfe an, Sie müssen aber auch Ihren Teil dazu tun"),
- ggf. moderierte Eltern-Kind-Gespräche.

Die Vorteile dieser Didaktik werden auch durch Ergebnisse der Neurowissenschaften gestützt: „Möglich ist eine Steigerung der Aufmerksamkeit mittels Verfremdung, Humor, Übertreibung, Überraschung, persönlicher Betroffenheit" (Kraus in Caspary 2006, S. 152).

1.5 Anschauliche Vermittlung häufiger Themen in der Elternarbeit

Wie schon an anderer Stelle geschildert, fehlt manchen Eltern die Orientierung und auch die Vorstellung, was man mit Kindern verschiedenen Alters alles machen kann. Wie sollte man sein Kind fördern und unterstützen? Was braucht ein Kind? Was ist altersgemäß? Wie kann man mit bestimmten Verhaltensweisen des Kindes umgehen? ... Die Frageliste ließe sich beliebig fortsetzen, hier zeigt sich eine starke Verunsicherung. Der gute Wille ist da, man möchte „alles richtig machen", und oft bedeutet das, „besser, als die eigenen Eltern" es gemacht haben.

Die verschiedenen Methoden, die die Eltern im Rendsburger Elterntraining lernen, geben Antworten auf viele dieser Fragen, und gleichzeitig lernen die Eltern, diese Methoden im konkreten, praktischen Fall einzusetzen. Daneben gibt es aber ganz spezielle, typische Themen, die Eltern bewegen, für die sich Leitlinien nicht so einfach ableiten lassen. Hier können grundlegende, die Haltung prägende Hinweise hilfreich sein.

1.5.1 Säuglinge und Kleinkinder

Bei Eltern von Säuglingen kommt es in der ersten Zeit häufig darauf an, die Eltern und besonders die Mütter darin zu bestärken, Vertrauen in ihre Gefühle und Impulse gegenüber ihrem Kind zu haben, also ihrem instinktiven Verhalten zu vertrauen und danach zu handeln: „Sie sind die Expertin für Ihr Kind!" Das fängt beim Stillen an und setzt sich fort bei der Entschlüsselung der kindlichen Signale: Was will das Kind mit seinem Weinen gerade mitteilen? Was braucht es? Die Natur hat alles wunderbar eingerichtet (Oxytocin sei Dank!), wir müssen nur darauf hören und ihr Gelegenheit geben zu wirken!

Oft wird jungen Müttern von der Umwelt alles Mögliche angeraten, unterstellt oder sie werden kritisiert. Damit definieren sich andere als Experten für das Kind und den Müttern wird implizit oder explizit die natürliche Kompetenz abgesprochen, ihrem Kind eine gute Mutter zu sein. Dadurch werden die Mütter weiter verunsichert und trauen sich dann ihre Mutterrolle gar nicht mehr zu. Besser wäre es, die Ansätze liebevollen, fürsorglichen Verhaltens zu betonen und die Mütter zu ermutigen, bewusst wahrzunehmen, was ihnen ihr Gefühl sagt.

In Fällen, in denen die Entwicklung einer Bindung erschwert wird, z. B. durch eine Depression post partum, Frühgeburt, Erkrankung oder andere Komplikationen bei Mutter oder Kind, gilt dies in anderer Weise insofern, als der Zugang zu diesen Gefühlen zunächst nicht unmittelbar gegeben ist, sondern erst erarbeitet werden muss. Dann benötigen die Mütter zusätzliche, besondere Hilfe, etwa durch ein Interaktionstraining (z. B. SAFE, Brisch 2010) oder Psychotherapie. So kann das Dekodieren der kindlichen Signale gezielt geübt werden (s. auch Infokasten 18).

Wenn die Kinder anfangen, sich selbstständig fortzubewegen, insbesondere, wenn sie anfangen zu laufen, kommt es erstmals zu Situationen, in denen Eltern etwas verbieten müssen, weil sonst Gefahr für das Kind entstehen würde (Steckdosen etc.). Nun kommt es darauf an, das Kind angemessen zu schützen, ohne ihm die Chance zur Erkundung seiner Umwelt zu nehmen. Damit Eltern die Entwicklung ihrer Kinder fördern, indem sie ihnen möglichst viele Chancen zum Entdecken eröffnen, ist es in dieser Phase elementar wichtig, den Eltern eine positive Grundhaltung zu dem neuen Verhalten ihres Kindes zu vermitteln. Der folgende Infokasten gibt Anregungen dazu (s. auch Infokasten „Kleine Kinder erforschen die Welt", S. 134):

Die Welt entdecken mit allen Sinnen – jeden Tag neue Abenteuer erleben!

Damit Ihr Kind die Welt und sich selbst entdecken und seine Fähigkeiten und Möglichkeiten entwickeln kann, braucht es vielfältige Anregungen und unmittelbare Erfahrungen. Dabei sind das Erleben und Begreifen mit allen Sinnen die Grundlage für alles Weitere, auch für das spätere schulische Lernen. Ihr Kind muss die Dinge fühlen, sehen, hören, schmecken und riechen, um die Welt im wahrsten Sinne des Wortes zu „begreifen" und sich „ein Bild" von ihr zu machen.

So ist es z. B. ein großer Unterschied, ob das Kind im Fernsehen sieht, wie die Teletubbys einen Ball rollen, oder ob es einen Ball selber rollt: Im ersten Fall ist nur ein Sinn angeregt, nämlich das Sehen. In der echten Situation fühlt das Kind den Ball, spürt: Wie fühlt sich die Oberfläche an? Wie schwer ist der Ball? Evtl. wie schmeckt der Ball? Wie hört es sich an, wenn der Ball rollt oder springt? Es muss seine Arme und Hände benutzen, um den Ball zu bewegen, evtl. auch die Beine und den ganzen restlichen Körper. Es muss seine Bewegungen und damit den Gebrauch aller seiner Körperteile so aufeinander abstimmen, dass der Ball tatsächlich rollt oder springt oder gefangen wird. Die echte Situation umfasst also sehr viel mehr Erfahrungen als die Fernsehsituation, so dass viel mehr Sinne und Fähigkeiten trainiert werden!

Je mehr Gelegenheit Sie Ihrem Kind bieten, seine Umwelt und sich selbst mit allen Sinnen zu erforschen, desto besser kann es seine Sinne und Fähigkeiten entwickeln. Lassen Sie ihr Kind also ruhig mal testen: Wie schmeckt eigentlich Sand? Wie spritzt das Wasser einer Pfütze, wenn man hineintritt? Wie fühlt sich Gras an? usw. Entdecken Sie die Fähigkeiten und Talente Ihres Kindes und helfen Sie ihm dabei, diese selbst zu entdecken!

Damit kein Ärger entsteht, ziehen Sie Ihrem Kind „Spielkleidung" an, die schmutzig werden darf, und freuen Sie sich über schmutzige Spielkleidung als Zeichen, dass Ihr Kind schön gespielt hat! Die Entdeckerfreude des Kindes müssen die Erwachsenen so absichern, dass keine Gefahr für das Kind besteht, denn es kann Gefahren und Risiken noch nicht erkennen und einschätzen. Die Eltern müssen sozusagen das „Netz unter dem Hochseil" für ihr Kind sein.

Im Spiel kann das Kind auch Dinge ausprobieren, daher ist Spielen sozusagen die „Arbeit" des Kindes. Spielen ist für das Kind dauerndes Lernen, nur eben in einer anderen Art als in der Schule. Dieses Lernen aus Erfahrung und mit allen Sinnen ist aber die beste Grundlage für theoretisches Lernen. Denn zuerst muss das Kind aus eigener Erfahrung wissen, wie z. B. eine Blume riecht und wie sie sich anfühlt. Erst mit diesem Wissen kann es sich dann auch in Gedanken vorstellen, wie es ist, wenn eine Person in einer Geschichte oder in einem Film eine Blume pflückt.

Erwarten Sie keine Perfektion von Ihrem Kind, setzen Sie es nicht unter Druck, etwas zu „leisten"! Sondern gestehen Sie ihm Fehler zu, denn aus diesen kann ihr Kind lernen!

Wenn Sie mit Ihrem Kind spielen, wählen Sie ruhig Spiele, die Ihnen selber auch Freude machen, zu denen Sie sich nicht etwa zwingen müssen. Ihr Kind spürt dies, und dann haben alle mehr Spaß an dem, was sie gerade spielen.

Manchmal sind Eltern unsicher, was ihr Kind in einem bestimmten Alter können sollte, was sie von ihrem Kind verlangen können, was altersgemäß ist. Dazu gibt es Entwicklungstabellen, die Sie wahrscheinlich bei Ihrem Kinderarzt oder auch bei der Krankenkasse oder bei der Bundeszentrale für gesundheitliche Aufklärung erhalten können (Internet: www.bzga.de).

1.5.2 Die kindliche Sicht auf die Welt

Situationen, in denen Eltern besondere Fragen haben, sind solche, in denen das Kind den Verlust wichtiger Bezugspersonen erlebt. Dies kann der Tod z. B. der Großmutter oder des Großvaters sein, aber auch eine Trennung der Eltern, die dazu führt, dass das Kind den (regelmäßigen) Kontakt zu einem Elternteil verliert. Die Reaktion, insbesondere jüngerer Kinder, besteht häufig darin, dass die Kinder sich für den „Trennungsgrund" halten. Allerdings äußern Kinder diese Überzeugung nicht unbedingt laut. Es ist wichtig, Eltern diese den Erwachsenen eher abwegig erscheinende Denkweise zu vermitteln, damit sie ihre Kinder verstehen können. Der folgende Infokasten vermittelt nähere Informationen:

„Die Welt dreht sich um mich" – das egozentrische Weltbild des Kindes

> Kinder meinen, dass alles, was geschieht, wegen ihnen passiert. Sie sehen sich selbst als Mittelpunkt der Welt. Je älter sie werden, desto mehr können sie sich auch in andere Menschen einfühlen und den Standpunkt wechseln. Kleine Kinder sind dazu jedoch noch nicht in der Lage.
>
> Sie brauchen das Vorbild der Eltern, um diese Fähigkeiten zu entwickeln. Es ist also nicht etwa Überheblichkeit, wenn Kinder meinen, alles geschehe wegen ihnen, sondern eine entwicklungsbedingte Erscheinung.
>
> Erst wenn sie bei den Eltern erleben, dass diese auf die Gefühle der Kinder eingehen, sich in die Kinder hineinversetzen

und versuchen, deren Gefühle nachzuempfinden, lernen sie allmählich, dies ihrerseits auch bei anderen Menschen zu tun. Um sich in andere Menschen einfühlen zu können, benötigen wir nämlich die sogenannten „Spiegelnervenzellen". Diese hat zunächst zwar jeder Mensch bei der Geburt, jedoch müssen sie benutzt und trainiert werden, damit sie erhalten bleiben und sich weiter ausbilden! Die Eltern sind hier also wichtige Vorbilder für die Kinder!

Die – wenn auch nicht offen geäußerte – Überzeugung der (kleineren) Kinder, dass sie Ursache für Ereignisse und Entwicklungen um sie herum sind, führt auch manchmal zu falschen „Erklärungen" oder Annahmen über Geschehnisse oder Handlungen. So glauben Kinder oft, z. B. an der Trennung der Eltern Schuld zu sein, weil sie so „ungezogen, frech, faul, wenig liebenswert" usw. seien. Es kann auch zufällig im zeitlichen Zusammenhang mit der Trennung der Eltern eine Situation gegeben haben, in der das Kind seiner Meinung nach „ungezogen" war. Für das Kind kann das „sonnenklar" der Grund sein, „warum Papa weggegangen ist". Diese Überzeugung äußern Kinder aber nicht immer offen, so dass Eltern oftmals gar nicht ahnen, was ihre Kinder bewegt und belastet. Gerade im Zuge einer Trennung der Eltern unterstellen die Kinder ganz selbstverständlich, dass diese ihretwegen erfolgte. Die daraus entstehenden Schuldgefühle bemerken Eltern oft nicht. Es ist wichtig und hilfreich, eben diese Gefühle anzusprechen, um die Annahmen und Unterstellungen der Kinder zurechtzurücken und sie so zu entlasten. Eltern sollten den Kindern ganz deutlich sagen, dass die Trennung der Eltern absolut nichts mit den Kindern zu tun hat, sondern einzig und allein damit, dass die Eltern „sich nicht mehr verstanden, häufig gestritten oder sich nicht mehr lieb haben und deshalb nicht mehr zusammenleben möchten".

Deshalb ist es auch so wichtig, den anderen Elternteil nach einer Trennung vor den Kindern nicht schlecht zu machen. Sei es, dass der andere Elternteil sich unzuverlässig bei Besuchsterminen verhält oder andere in den Augen des ehemaligen Partners ungünstige Verhaltensweisen zeigt: Das Kind wird diese meist auf sich beziehen. Es wird glauben, dass es so wenig liebenswert, so unwichtig oder wertlos ist, dass der Elternteil sich deshalb nicht um es kümmert, Verabredungen nicht einhält oder sich in anderer Weise unangenehm verhält. Es wird also nicht denken, „Papa/Mama ist unzuverlässig oder macht etwas falsch", sondern „Ich habe es nicht besser verdient". Betont der eine Elternteil nun das negative Verhalten des anderen besonders und äußert sich abfällig darüber, so vergrößert er, ohne es zu wollen, dadurch möglicherweise den Schmerz des Kindes.

Selbst im Falle, dass ein Elternteil stirbt, kann diese kindliche Sichtweise als „Mittelpunkt der Welt" dazu führen, dass das Kind sich von diesem Elternteil „allein oder im Stich gelassen" fühlt und sogar wütend auf ihn wird. Und das nicht etwa nur im Falle einer Selbsttötung, sondern auch bei einem überraschenden natürlichen Tod.

Ähnlich reagieren Kinder, wenn ein Elternteil etwas Verwerfliches getan hat. Die Kinder verurteilen u. U. nicht den Elternteil für sein Verhalten, sondern fragen sich, ob sie selbst auch so sind. Da sie ja Kind ihres Elternteils sind, könnten sie ja genauso „schlecht" sein, und sie fühlen sich dadurch möglicherweise abgewertet. Je nach Alter des Kindes und abhängig von den sonstigen Umständen, können Kinder solche Gedanken haben.

Diese kindliche Sichtweise der Welt und der Dinge sollten Eltern deshalb kennen und berücksichtigen, um ihre Kinder besser zu verstehen und ihnen bei der Bewältigung von Problemen helfen zu können.

1.5.3 Schlafstörungen

Manchmal klagen Eltern darüber, dass ihre Kinder abends nicht zur Ruhe finden und schwer einschlafen können. Dies kann für Eltern wie Kinder belastend sein, weil die nötige Erholung fehlt. Neben der Abklärung in Hinblick auf Probleme als Ursache für die Schlafstörung können einige praktische Tipps helfen, wie in dem folgenden Infokasten dargestellt:

Schlaf, Kindchen, schlaf ...

Manchmal finden Kinder abends schlecht zur Ruhe, können nicht einschlafen und kommen immer wieder aus dem Bett. Für Eltern kann das sehr anstrengend sein, weil es sie manchmal daran hindert, sich auszuruhen.

Es gibt einiges, was Eltern tun können, um das Verhalten ihres Kindes zu verändern. Zunächst muss abgeklärt werden, ob das Kind irgendein Problem hat, das es belastet und am Einschlafen hindert. Manchmal liegen die Gründe auch in der räumlichen Umgebung des Kinderzimmers. Vielleicht hört das Kind nebenan laute Nachbarn, die es stören oder ihm Angst machen. Ein langer dunkler Flur oder merkwürdige Geräusche ängstigen das Kind vielleicht. Immer wieder kommt es vor, dass Eltern nichts von den Ängsten ihrer Kinder ahnen. Mit verständnisvollem Zuhören kann man dieses am besten herausfinden. Falls das Kind ein *Problem, Ängste oder auch körperliche Beschwerden* hat, müssen sich die Eltern natürlich darum kümmern und sie dürfen ihr Kind nicht damit allein lassen!

Ist aber nichts dergleichen feststellbar, so geht es darum, dem Kind dabei zu helfen, dass es in den Schlaf findet. Dies kann auf verschiedene Weise geschehen.

Zunächst einmal ist es wichtig, dass das Kind am Tag genügend *Bewegung* hatte, so dass es auch wirklich müde ist.

Zum Schlafen braucht der Körper das Hormon Melatonin, das bei *Dunkelheit* im Körper gebildet wird und so den Schlaf herbeiführt. Da der Stoff nur im Dunkeln gebildet wird, ist es sehr wichtig, das Kinderzimmer oder Schlafzimmer gut zu verdunkeln. Menschen sind unterschiedlich lichtempfindlich. Lichtempfindliche Menschen werden bei dem kleinsten Lichtstrahl wach oder schlafen gar nicht erst ein. Das kann v. a. im Sommer dazu führen, dass das Kind nicht einschlafen kann. Durch entsprechende Vorhänge oder Jalousien kann dann Abhilfe geschaffen werden.

Andererseits haben manche Kinder im Dunkeln Angst. Sie benötigen u. U. ein Nachtlicht (für die Steckdose). Das richtige

Ausmaß an Dunkelheit zu finden, kann manchmal eine Gratwanderung sein.

Die Bildung von Melatonin im Körper wird durch bestimmte Nahrungsmittel erleichtert. So kann es helfen, dem Kind eine halbe Stunde vor dem Schlafengehen eine *Banane* oder *Milch mit Honig* zu geben, natürlich vor dem Zähneputzen!

Eine *gemütliche, kuschelige Umgebung des Bettes* erleichtert das Ins-Bett-Gehen und das Einschlafen, z. B. hübsche, kuschelige Bettwäsche, vielleicht ein Himmelbett und ein Kuscheltier. Insbesondere das Kuscheltier kann für das Kind sozusagen das *Signal* sein für „Jetzt wird geschlafen". Dies gilt auch für *bestimmte Abläufe* vor dem Schlafengehen, Rituale, die dem Kind den Übergang vom Tag in die Nacht und zum Schlafen erleichtern. Solche Rituale können ein Gebet, ein Schlaflied, eine Geschichte, Streicheln oder ein Rückblick auf den Tag sein, dabei sollte aber nichts Belastendes besprochen werden. Solche wiederkehrenden Abläufe signalisieren dem Kind ebenfalls „Jetzt ist Schlafenszeit!" und lösen damit dann das Einschlafen aus.

Falls Ihr Kind unter *Alpträumen* leidet, sollte abgeklärt werden, was das Kind belastet und die schlechten Träume auslöst. Dann brauchen Kinder die Hilfe ihrer Eltern. Dabei leistet manchmal bei kleineren Kindern auch ein *Traumfänger* gute Dienste. Dieses „Gerät" aus dem indianischen Kulturkreis beruhigt manche Kinder, indem es ihnen die Ängste nimmt und ihnen so hilft einzuschlafen.

Natürlich sollten Kinder vor dem Schlafengehen auch keine spannenden Filme ansehen und kleinere Kinder auch keine Nachrichten. Das kann Kinder so beunruhigen und ängstigen, dass sie nicht einschlafen können.

Manchen Kindern hilft Autogenes Training, das sie entspannt, so dass sie dann leichter einschlafen können. Hier eignen sich die „Kapitän-Nemo-Geschichten", die speziell für Kinder Autogenes Training so verpackt haben, dass die Kinder sich die Audio-Kassetten selbstständig anhören können (Ulrike Petermann, Die Kapitän-Nemo-Geschichten, Elvikom Essen 1993). Nicht alle Kinder mögen dies, aber vielen hilft es.

Damit Ihr Kind gerne ins Bett geht, ist nicht nur ein gemütliches Bett mit einer einladenden Umgebung wichtig, sondern auch, dass das Bett einen positiven Charakter im Empfinden ihres Kindes behält! Deshalb sollten Sie Ihr Kind *niemals zur Strafe ins Bett schicken*, denn dadurch machen Sie das Bett zu einem unangenehmen Ort, und die Kinder verbinden dann mit dem Bett keine angenehmen Gefühle, sondern „Strafe". Kein Wunder, dass sie dann nicht an diesem unangenehmen Ort bleiben wollen!

Schließlich sei auch noch erwähnt, dass Menschen *unterschiedliche Schlafbedürfnisse* haben. Dies gilt auch für Kinder; das Schlafbedürfnis hängt u. a. vom Alter und Temperament des Kindes ab. Allerdings brauchen Kinder grundsätzlich genügend Schlaf, um sich richtig entwickeln und wachsen zu können.

1.5.4 Die Bedeutung der vestibulären Stimulation für die psychosoziale Entwicklung

Themen, die Eltern besonders beschäftigen, weil sie meist sehr belastend für die ganze Familie sind, sind Wut und Aggressionen des Kindes sowie Hyperaktivität und Aufmerksamkeitsstörungen. Hier kann man Eltern eine sehr wirksame und dabei einfach zu realisierende Maßnahme empfehlen, die allen hilft und dazu von den meisten Kindern noch als angenehm empfunden wird: die vestibuläre Stimulation.

Ergebnisse zur psychosozialen Entwicklung, die noch immer zu wenig bekannt, aber von weitreichender Bedeutung sind, lassen sich in der Aussage zusammenfassen:

Die ausreichende Stimulation des vestibulären Systems (Gleichgewichtsorgans) stellt eine Grundvoraussetzung für eine gesunde psychische Entwicklung dar.

Obwohl wesentliche Untersuchungsergebnisse zu diesem Thema schon lange bekannt sind, wäre es wünschenswert, diese noch mehr im pädagogischen Alltag zu nutzen.

Zunächst wurden einige Beobachtungen an Affen gemacht. Mason und Berkson (1975) führten folgenden Versuch mit zwei Affen durch: Die Affen wurden sofort nach der Geburt von ihren Müttern getrennt und in Einzelkäfigen gehalten, in denen sie keinerlei Anregungen hatten. Sie konnten weder andere Affen noch Menschen sehen und erhielten auch sonst keine visuellen oder auditiven Reize. Beide Affen hatten in ihrem Käfig eine sogenannte Ersatzmutter, in Form eines Holzblocks an einer Stange, der mit Fell überzogen war. Beide Affen wuchsen also unter extrem isolierten Bedingungen auf. Der einzige Unterschied zwischen den beiden Affen bestand darin, dass der eine Affe eine feststehende Ersatzmutter hatte, die nicht beweglich war, während die andere Ersatzmutter hin und her schwingen konnte, wenn der Affe sie berührte oder auf sie hinauf sprang.

Nachdem die Affen eine Zeit lang unter diesen isolierten Bedingungen aufgewachsen waren, beobachtete man ihr Verhalten. Der Affe mit der feststehenden Ersatzmutter zeigte ein zurückgezogenes, depressives, passives Verhalten, während der Affe mit der schwingenden Ersatzmutter ein völlig unauffälliges Verhalten zeigte.

Der Versuchsleiter versuchte nun, die beiden Affen zu berühren. Auf diesen Versuch reagierte der Affe mit der feststehenden Ersatzmutter mit Flucht. Er zog sich in die äußerste Käfigecke zurück und versuchte, den Körperkontakt zu vermeiden. Als dies nicht gelang, wurde er aggressiv, biss und kratzte. Der Affe mit der schwingenden Ersatzmutter dagegen zeigte ein unauffälliges, zutrauliches Verhalten, kam aus dem Käfig und kletterte auf dem Versuchsleiter herum.

Diese beeindruckenden Unterschiede scheinen auf die unterschiedliche Stimulation des vestibulären Systems durch die feststehende bzw. schwingende Ersatzmutter zurückzuführen zu sein. Das vestibuläre System befindet sich im Innenohr und reagiert auf sämtliche Lageveränderungen unseres Körpers. Es ist z. B. auch dafür verantwortlich, dass wir reisekrank werden.

Prescott (1970) fasste das abnorme sozioemotionale Verhalten unter dem Begriff Somatosensory Affectional Deprivation Syndrom (SAD) zusammen, das beschrieben ist durch Zurückgezogenheit, Depressionen, Bewegungsstereotypien, Selbststimulation, Selbstbeißen einschließlich Selbstverletzung, Hyperaktivität, Hyperreaktivität auf sensorische Stimulation, besonders taktile Stimulation (Vermeidung von

Körperkontakt), und pathologische Gewalt während des Jugend- und Erwachsenenalters.

In einer weiteren Versuchsreihe konnten Prescott und Mitarbeiter zeigen, dass diese Verhaltensauffälligkeiten eine physiologische Grundlage haben: Untersucht wurde eine Gruppe von Affen, die ebenfalls unter den oben beschriebenen isolierten Bedingungen ohne die Möglichkeit der Stimulation des vestibulären Systems aufgewachsen waren und die ursprünglich für medizinische Versuchszwecke vorgesehen waren. Die Affen zeigten jedoch eine so starke Aggressivität, dass sie für den ursprünglichen Zweck nicht mehr verwendbar waren. Sie versuchten jede Berührung mit den anderen Affen zu vermeiden und zogen sich so weit wie möglich von diesen zurück. War die Vermeidung von Körperkontakt jedoch nicht möglich, so reagierten sie mit extremer Aggressivität wie Beißen.

Es konnte gezeigt werden, dass dem abnormen sozioemotionalen Verhalten und besonders der pathologischen Aggressivität Schädigungen in bestimmten Hirnbereichen zugrunde lagen, besonders im somatosensorischen Cortex. Bei den Affen wurden zunächst Abweichungen im EEG gefunden. Später entfernte man bestimmte Teile des Cerebellums, die man als geschädigt und dem abnormen Verhalten zugrunde liegend ansah. Nach der Entfernung der geschädigten Hirnteile zeigten die Affen ein völlig normales, unauffälliges Verhalten ohne gesteigerte Aggressivität und ohne Vermeidung von Körperkontakt.

Nachdem durch diese Untersuchungen an Affen deutlich geworden war, welch große Bedeutung die Stimulation des vestibulären Systems für die psychosoziale Entwicklung hat, wurden die Erkenntnisse im menschlichen Bereich weiter untersucht und angewendet.

Prescott demonstrierte die Auswirkungen der vestibulären Stimulation an geistig behinderten Kindern. Es handelte sich um Kinder, die aufgrund ihrer Behinderung nicht in der Lage waren zu sprechen. Die Kinder hatten einen leeren Gesichtsausdruck und zeigten eine starke Vermeidung von Körperkontakt. Sie ließen sich vom Versuchsleiter nur mit Widerstand anfassen. Der Versuchsleiter setzte die Kinder auf einen Drehstuhl, wie er in jedem Büro vorhanden ist, und drehte die Kinder schnell auf diesem Drehstuhl herum. Der vorher leere Gesichtsausdruck der Kinder verwandelte sich in ein Lachen bis hin zum Jauchzen. Offensichtlich bereitete den Kindern die schnelle Drehung ein großes

Vergnügen, und sie fühlten sich sehr wohl. Als das Drehen aufhörte, warteten die Kinder zunächst ab, ob sich das Ganze wiederholen würde. Als dies nicht geschah, versuchten sie, Kontakt zum Versuchsleiter aufzunehmen und ihm mitzuteilen, dass sie eine Wiederholung wünschten. Dabei fassten sie den Versuchsleiter sogar an, obwohl ihnen vorher jeder Körperkontakt offensichtlich extrem unangenehm gewesen war. Der Effekt ließ sich beliebig oft wiederholen. Natürlich verschwand das Lächeln und die Aufgeschlossenheit der Kinder nach kurzer Zeit wieder, jedoch kann man festhalten, dass die schnelle Drehung, die ebenfalls eine Stimulation des vestibulären Systems darstellt, erstaunliche Veränderungen bei den Kindern bewirkte.

Auch bei hyperaktiven Kindern und Kindern mit Bewegungsstereotypien, z. B. Jactationen, ließen sich Besserungen durch eine adäquate Stimulation des vestibulären Systems erreichen. Prescott postuliert, dass die hyperaktiven Kinder nicht mehr Ruhe brauchen, sondern im Gegenteil mehr Anregungen – eine stärkere Stimulierung des vestibulären Systems. Sie erleben eine zu geringe Stimulierung des Gleichgewichtsorgans und versuchen, dies durch eigene Bewegungen auszugleichen, z. B. auch durch Kippeln mit dem Stuhl, was gerade in der Schule zu ständigen Ermahnungen führt, zumal es auch für das Kind gefährlich ist. Offenbar sind die Bewegungen dieser Kinder nicht ausreichend oder nicht geeignet, das Bedürfnis nach Stimulierung zu befriedigen. Werden die hyperaktiven Kinder und die Kinder mit Bewegungsstereotypien dagegen gezielt vestibulär stimuliert, so werden sie ruhiger und die Bewegungsstereotypien lassen nach. Gleichzeitig empfinden die meisten Kinder diese Art der Stimulation als angenehm.

Die gewonnenen Erkenntnisse hat man sich auch bei Frühgeborenen zunutze gemacht. Zugrunde lag die Überlegung, dass Frühgeborene die ständige vestibuläre Stimulation, der die Föten durch die mütterlichen Bewegungen ausgesetzt sind, vorzeitig entbehren müssen, und dass ihre Entwicklung dadurch zusätzlich beeinträchtigt wird. Um dieses Defizit auszugleichen, legte Korner (1975) Frühgeborene auf Wasserbetten, durch die ein Wasserstrahl hindurch geleitet wurde, der etwa im Atemrhythmus der Mutter pulsierte und so Schwingungen auslöste, die das vestibuläre System des Säuglings stimulierten.

In anderen Institutionen wurden die Frühgeborenen im Inkubator in Hängematten gelegt. Bereits nach kurzer Zeit zeigten sich bei den

„Wasserbettbabys" signifikante Unterschiede gegenüber den Frühgeborenen, die auf herkömmliche Weise im Inkubator betreut wurden. Die Kinder, die der ständigen vestibulären Stimulation ausgesetzt waren, schliefen mehr; sie schliefen schneller ein, schliefen besser durch und hatten sowohl einen verlängerten ruhigen als auch einen verlängerten aktiven Schlaf. Außerdem wurde der REM-Anteil am Schlaf erhöht. Die Kinder waren weniger irritiert und zeigten weniger unruhige Bewegungen. Die ungleichmäßigen Bewegungen waren auch im Wachzustand reduziert. Außerdem stellte man signifikant weniger Atemstillstände bei den Babys auf dem Wasserbett fest. Die Babys zeigten insgesamt eine bessere Orientierung auf visuell und auditive Reize, eine reifere Spontanbewegung, sie waren visuell aufmerksamer, weniger unruhig und zeigten insgesamt mehr optimale Reaktionen als die Babys, die nicht auf dem Wasserbett lagen. Auch hier zeigte sich also, dass die Stimulation des vestibulären Systems die kindliche Entwicklung in vielfältiger Weise fördert.

Dass die vestibuläre Stimulation beruhigend wirkt, ist im Übrigen ein uraltes Wissen. Nicht zufällig werden Kinder seit Jahrhunderten in Wiegen gelegt oder im Arm geschaukelt, wenn man sie beruhigen will. Und selbst Erwachsene empfinden z. B. einen Schaukelstuhl als angenehm beruhigend.

Auf das Säuglingsalter bezogen, ergibt sich aus den Erkenntnissen ein weiteres wesentliches Argument dafür, die Säuglinge im Tragetuch oder in einer ähnlichen Tragehilfe am Körper zu tragen. Auf diese Weise wird dem Säugling in optimaler Kombination sowohl Körperkontakt als auch ständige vestibuläre Stimulation geboten. So kann das Kind sich gleichzeitig sicher fühlen in der Nähe seiner Mutter oder seines Vaters, es fühlt die Wärme des Körpers, den Herzschlag, es kann seinen Eltern in die Augen blicken, kann aber auch die Umwelt aus sicherer Position beobachten, und es wird durch die Bewegungen, die es am elterlichen Körper mit vollführt, in seinem Gleichgewichtsorgan ständig angeregt. Ein weiterer Vorteil besteht darin, dass bei vestibulärer Stimulation gleichzeitig die größte visuelle Aufmerksamkeit erreicht wird. Auf diese Weise werden die wahrgenommenen Reize am besten verarbeitet.

Korner (1983) führte hierzu folgenden Versuch durch: Es war beobachtet worden, dass Mütter ihre unruhigen Säuglinge meistens beruhigten, indem sie sie hochnahmen und gegen die Schulter lehnten und sanft wiegten. Sie lachten dann meistens und hatten offene Augen. Durch eine Variation der Versuchsbedingungen wurde erforscht, welcher Faktor in erster Linie für diese Auswirkungen verantwortlich war: Der Kontakt mit dem Erwachsenen, die aufrechte Position, die vestibuläre Stimulation oder das Sprechen (als Kontrollbedingung). Der Kontakt und das Sprechen hatten etwa gleich geringe Bedeutung. Die stärkste Beruhigung und Aufmerksamkeit wurde durch eine Kombination von Kontakt, aufrechter Position und vestibulärer Stimulation herbeigeführt. Als Einzelfaktor hatte jedoch die vestibuläre Stimulation die größte Bedeutung, und zwar größere Bedeutung als der Kontakt. Bei vestibulärer Stimulation ist also die visuelle Aufmerksamkeit am größten. Die Beobachtungen, die der Säugling im Tragetuch machen kann, kann er daher gerade in dieser Situation optimal verarbeiten.

Zusammenfassend lässt sich festhalten, dass die Bedeutung der Stimulation des vestibulären Systems für die emotionale und soziale Entwicklung lange weit unterschätzt wurde. Sie ist in ihrer Bedeutung etwa dem Körperkontakt gleichzusetzen. Andererseits kann vestibuläre Stimulation jederzeit ohne großen Aufwand sowohl durch die Kinder selber als auch durch andere Personen herbeigeführt werden. Entscheidend ist es, sich der großen Bedeutung der vestibulären Stimulation bewusst zu sein und sie in jeder Weise bei den Kindern und Jugendlichen nicht zu behindern, sondern zu fördern.

Unter dem Aspekt, dass heutzutage Kinder – häufig auch in Anbetracht der meist kleinen Wohnräume – zu ruhigem Verhalten angehalten werden, und dass die Bewegungsräume der Kinder zumal in den Städten immer stärker eingeengt werden, sind diese Erkenntnisse von besonderer Bedeutung: Die Kinder sollten im Gegenteil zu Bewegungen und Bewegungsspielen angeregt werden. Eltern sollten ermutigt werden, ihren Kindern Möglichkeiten der vestibulären Stimulation gezielt anzubieten, um sie in ihrer Entwicklung zu fördern, aber auch, um Krisensituationen besser zu bewältigen und den Kindern so eine Möglichkeit zur Entlastung anzubieten, die auch noch Spaß macht.

Aber vestibuläre Stimulation kann auch ganz gezielt eingesetzt werden, um hyperaktives oder aggressives Verhalten positiv zu beeinflussen: Da vestibuläre Stimulation gleichzeitig ausgleichend und aufmerksamkeitssteigernd wirkt, kann sie gezielt z. B. vor den Hausaufgaben oder als Verstärker zwischen einzelnen Abschnitten der Hausaufgaben eingesetzt werden. Die Kinder mit ADHS (Aufmerksamkeits-Defizit-Hyperaktivitätsstörung) können z. B. angehalten werden, jeweils zehn Minuten zu schaukeln o. Ä., und werden die Erleichterung bemerken. Im Sinne des Selbstmanagements können sie dies als Möglichkeit nutzen, ihr eigenes Verhalten besser zu steuern. Gleiches gilt für aggressive Kinder, die z. B. schon „geladen" aus der Schule kommen. Die Aufnahmefähigkeit für ein Konfliktlösungsgespräch ist danach wesentlich besser, die Kinder fühlen sich ausgeglichener.

Im schulischen Setting lässt sich vestibuläre Stimulation analog einsetzen, indem im (hinteren Teil vom) Klassenraum Geräte zur vestibulären Stimulation bereitstehen und von den Kindern bei Bedarf genutzt werden können. Dazu muss man zuvor mit der Klasse den Effekt vestibulärer Stimulation besprechen und den Kindern die Erlaubnis geben, diese nach eigenem Ermessen zu nutzen, wenn sie merken, dass sie nicht mehr aufmerksam sein können. Sie brauchen dann nur ein kurzes, zuvor vereinbartes Signal zu geben. Selbstverständlich müssen die Geräte so dezent genutzt werden, dass der Unterricht nicht unterbrochen wird. Dies kann im Sinne von Selbstmanagement durch ein ernsthaftes Gespräch erreicht werden, das auch die Eigenverantwortung der Kinder anspricht. Da die Kinder sehr bald merken, wie hilfreich dies sein kann, gehen sie damit in der Regel auch verantwortungsvoll um. Sie ersparen sich und allen anderen dadurch ständige Konflikte während des Unterrichts.

Diese Stimulation kann unkompliziert jederzeit mit und ohne Einsatz spezieller Geräte herbeigeführt werden:
- durch die Luft schwingen der Kinder,
- sich um sich selbst drehen,
- schaukeln,
- Trampolin springen,
- Hängematte,
- Schaukelstuhl,
- Drehstuhl,
- Wackelbrett,
- Pedalos,
- Seilbahn fahren,
- Fahrrad fahren,
- Inliner fahren,

- Karussell fahren,
- Schlitten fahren,
- am Seil schwingen,
- Sitzbälle,
- in Katalogen von Anbietern pädagogischer Materialien finden sich zahlreiche weitere Geräte, die Möglichkeiten zu vestibulärer Stimulation bieten, die nicht viel Platz benötigen und die transportabel und erschwinglich sind.

Eltern kann man diese Zusammenhänge mit dem folgenden Infokasten vermitteln:

Wir werden das Kind schon schaukeln!

Die Anregung des Gleichgewichtsorgans als Hilfe bei Unruhe, Wut und Konzentrationsstörungen
Wenn Kinder unruhig sind, sich nicht konzentrieren können oder auch, wenn sie wütend sind, gibt es eine sehr wirksame und gleichzeitig einfache Möglichkeit, ihnen zu helfen: die Anregung des Gleichgewichtsorgans.

Das Gleichgewichtsorgan sitzt im Innenohr und reagiert auf alle Arten von Bewegung. Je stärker die Bewegung, desto stärker die Anregung des Gleichgewichtsorgans. Es ist übrigens auch das Organ, das für Seekrankheit „zuständig" ist.

Die Anregung des Gleichgewichtsorgans hat zweierlei Auswirkungen: Sie wirkt gleichzeitig aufmerksamkeitssteigernd und seelisch ausgleichend!

Die meisten Kinder finden die Anregung des Gleichgewichtsorgans angenehm und regen sich z. B. auch selbst an, indem sie sich um sich selbst drehen oder auf dem Boden herum kugeln, mit dem Stuhl schaukeln usw. Wenn Ihr Kind so etwas tut, ist es also etwas Gutes, das Sie fördern und nicht etwa unterbinden sollten!

Anregungen des Gleichgewichtsorgans sind alle Arten von Schaukeln, Karussell fahren, Hängematte, Schaukelstuhl, Schaukelpferd, Drehen auf dem Drehstuhl, Rad fahren, Inliner fahren, Schlittschuh laufen, Schlitten fahren, Seilbahn fahren, Hüpfburg, Trampolin springen, Reiten usw.

Nicht umsonst wiegen wir Babys seit Jahrhunderten! Auch hier wirkt das Wiegen beruhigend und ausgleichend. Deshalb ist es übrigens auch besonders entwicklungsfördernd, Babys im Tragetuch o. Ä. am Körper zu tragen: So wird gleichzeitig ihr Gleichgewichtsorgan angeregt und sie haben den Körperkontakt zu Mutter oder Vater, der ihnen Sicherheit und Wohlbefinden gibt. Wenn Sie ein zufriedenes Baby haben möchten, ist das der Weg dazu!

Möglichkeiten zur Anregung des Gleichgewichtsorgans lassen sich leicht in den Alltag einbauen: Nutzen Sie Schaukeln für Ihr Kind, evtl. lässt sich eine Schaukel für kleinere Kinder im Türrahmen in der Wohnung befestigen. Drehen Sie Ihr Kind auf dem Drehstuhl oder drehen Sie Ihr kleines Kind einfach so in der Luft um sich selbst, schaukeln Sie es auf Ihrem Schoß oder in Ihren Armen. Wenn es für Sie okay ist, kann Ihr Kind auch auf dem Bett oder der Couch hüpfen. Es gibt auch runde Holzplatten, die auf einer Halbkugel lagern und auf die man sich setzen und auf denen man hin und her wackeln kann, oder andere Wackelbretter. Vielleicht schauen Sie im Spielwarenhandel einmal gezielt nach Geräten, die solche Bewegungen ermöglichen. Das muss nicht teuer sein und auch nicht viel Platz wegnehmen!

Bieten Sie Ihrem Kind möglichst viele Gelegenheiten zur Anregung des Gleichgewichtsorgans und ermuntern Sie es dazu! Damit tun Sie Ihrem Kind etwas Gutes, fördern seine Ausgeglichenheit und seine Aufmerksamkeit und nebenbei auch noch seine motorische Entwicklung und seinen Gleichgewichtssinn! Und das alles mit etwas, das Ihrem Kind auch noch viel Spaß macht! Besser und einfacher geht es eigentlich nicht!

Sie können die Anregung des Gleichgewichtsorgans auch gezielt einsetzen, wenn Sie z. B. bemerken, dass Ihr Kind gerade sehr unruhig ist oder gereizt oder wütend aus der Schule kommt. Anstatt erst einmal in Streit zu geraten, ist es günstiger, Ihrem Kind ohne lange Diskussionen vorzuschlagen, erst einmal eine Runde schaukeln zu gehen oder Drehstuhl zu fah-

ren o. Ä. Wenn es ihm dann besser geht, können Sie in Ruhe darüber reden, was es belastet, falls das dann noch nötig ist.
Sie können Ihrem Kind auch beibringen, dass es von selbst z. B. schaukeln geht (ca. zehn Minuten), wenn es merkt, dass es unruhig ist oder sich nicht mehr konzentrieren kann. Damit treffen Sie sozusagen eine Abmachung mit Ihrem Kind, wie es „legal", ohne Ärger zu bekommen, sich selbst helfen kann. Das ist besonders hilfreich für Kinder mit ADHS, die auf diese Weise lernen können, mit ihrer Störung umzugehen.

Auch während der Hausaufgaben kann man die Anregung des Gleichgewichtsorgans sinnvoll einsetzen: Wenn Ihr Kind sich nicht mehr konzentrieren kann, lassen Sie es eine Runde schaukeln oder einige Minuten Drehstuhl fahren. Danach kann es wieder aufmerksamer sein. Sie können die Anregung des Gleichgewichtsorgans auch gezielt als Belohnung einsetzen, da die meisten Kinder dies, wie gesagt, als angenehm empfinden. Also z. B.: „nach den Matheaufgaben eine Runde schaukeln, danach geht es dann mit Deutsch weiter" usw. Ihr Kind bekommt damit eine Belohnung für die bereits erledigten Aufgaben (das Loben zusätzlich nicht vergessen!) und kann sich gleichzeitig danach wieder besser konzentrieren! Das können Sie beliebig oft wiederholen, so oft, wie Ihr Kind es braucht.

Viel Spaß beim Schaukeln!

1.5.5 Fachliche Beratung der Eltern in Bezug auf Auffälligkeiten des Kindes

Gelegentlich kann es notwendig sein, die Eltern über bestimmte Syndrome, inhaltliche Zusammenhänge und diagnostische Ergebnisse der Kinder aufzuklären. Dabei müssen ebenfalls die kognitiven Möglichkeiten der Eltern berücksichtigt werden, aber auch Vorbehalte, Vorurteile und irrationale Haltungen. Wichtig ist v. a., die Inhalte verständlich,

d. h. so einfach wie möglich, ohne Fremdwörter und Fachausdrücke, möglichst anschaulich mit Beispielen darzustellen.

Theorie und Praxis –
zwischen beiden muss ein schöpferischer Geist vermitteln.
William James

Im Einzelnen können die folgenden Vorgehensweisen hilfreich sein: Zusammenhänge aufzeigen zwischen aktueller Symptomatik und Verhalten in der Vergangenheit,
- Anklage vermeiden,
- aktuelle Symptome und Auffälligkeiten mit den Eltern in Zusammenhänge stellen und erklären,
- von der persönlichen Ebene wegnehmen und allgemein formulieren „Viele Kinder machen …", „Wir beobachten oft …",
- Informationen geben, den Möglichkeiten der Eltern angepasst,
- die Befindlichkeit des Kindes nachempfindbar machen:
  - die Eltern ermutigen, sich in die Lage des Kindes hineinzuversetzen, „Was meinen Sie, wie ihr Kind sich damit fühlt?",
  - ein anschauliches Beispiel dafür geben für den Fall, dass es für das Kind unmöglich ist, das zu tun, was die Eltern erwarten, z. B. „Das ist, als ob Sie von jemandem verlangen, mit einem gebrochenen Bein einen Hürdenlauf zu machen!",
  - die Eltern selbst in eine ähnliche Lage bringen, z. B. wenn das Kind intellektuell eingeschränkt ist und die Eltern nicht verstehen (wollen), warum das Kind manches nicht versteht, wo es doch die Geschwister zum Beispiel begreifen, „Andere können das doch auch!".

Ebenso kann man auch verdeutlichen, warum es für ein Kind mit ADHS hilfreich sein kann, ein Medikament einzusetzen bzw. dass dies nicht zu tun, so wäre, wie auf eine Brille zu verzichten, wenn man kurzsichtig ist:

Infokasten 4: Eltern Defizite ihrer Kinder verständlich vermitteln

Wenn ein Elternteil kurzsichtig ist, bitten wir ihn, die Brille abzunehmen und einen Text, der weiter weg ist, vorzulesen.

> Wenn er dann sagt: „Das kann ich nicht ohne Brille!", antworten wir betont verständnislos: „Wieso das nicht, andere können doch auch ohne Brille lesen! Nur einen Satz! Sie werden doch wohl einen Satz vorlesen können!" So wird dem Elternteil deutlich, dass das Vorlesen ohne Brille in diesem Fall nicht vom guten Willen abhängt und für diesen Elternteil schlichtweg nicht möglich ist. Das ist genau dieselbe Situation, in der das Kind sich befindet, wenn Dinge von ihm verlangt werden, die es nicht kann, obwohl andere Kinder das schaffen.
>
> Man kann erklären, dass Menschen verschieden sind. Einer hat blonde Haare, der andere schwarze. Keiner ist deswegen als Mensch mehr oder weniger wert. So ist es auch mit dem Denkvermögen. Das Kind hat eben andere Stärken oder Talente, die vielleicht die Geschwister nicht haben.
>
> Eltern, die keine Brille tragen, kann man alternativ bitten, einmal einen Satz auf Chinesisch zu sagen. Wenn sie dann sagen, dass sie das nicht können, verfährt man analog wie oben geschildert („Millionen Menschen sprechen Chinesisch …").

- mögliche Umgangsformen mit dem Kind schildern, Tipps für alternatives Verhalten für zu Hause geben, d. h. die Eltern zu Mitstreitern/Verbündeten machen,
- (Verhaltens-)Beobachtungen berichten, die die Fachkraft selbst gemacht hat (ist ein Fakt, kann nicht bestritten werden),
- wenn die Eltern Fakten bestreiten, die Information allgemein vermitteln,
- im Extremfall, wenn es um den Schutz des Kindes geht und alle o. g. Maßnahmen nicht gewirkt haben, mit dem Fehlverhalten konfrontieren,
- bei Erziehern, Lehrern usw. als Klienten, die sich selbst als Fachleute für das Thema betrachten, einerseits signalisieren, dass man sie als solche „erkannt" hat, andererseits dennoch die nötige Information

vermitteln, um sicherzugehen, dass der Zusammenhang klar ist und verstanden wurde. Es wäre schade, wenn aus Angst vor Peinlichkeit („Das müsste ich ja eigentlich wissen") nicht nachgefragt wird. Keiner kann alles wissen und es ist ja keine Schande, wenn man eine Information nun gerade mal nicht parat hat: „Ich muss Ihnen ja nicht sagen, dass ...", „Sie wissen ja, dass ...", und dann die Information genauso transportieren wie bei anderen Klienten,
- bei verschobener Selbstwahrnehmung der Eltern die Eltern dazu bringen, selbst zu hinterfragen „Können Sie sich das erklären?", „Ich bin ein bisschen ratlos ..."

1.5.6 Kinder in der Pubertät

Eine Entwicklungsphase der Kinder, die Eltern oft besonders fordert, ist die Pubertät. Auch hier ist die Grundhaltung der Eltern von besonderer Bedeutung, die das Zusammenleben erleichtern kann. Wie man Eltern diese förderliche Grundhaltung vermitteln kann, zeigt der folgende Infokasten:

Zwischen den Welten

> Wenn ihr Kind in die Pubertät kommt, beginnt eine Zeit der Veränderungen für ihr Kind und auch für Sie. Dabei beeinflussen die körperlichen Veränderungen auch das Verhalten der Kinder. Die Hormone spielen verrückt! Stellen Sie sich vor, wie Sie (bzw. Ihre Frau) sich fühlen, bevor Sie Ihre Regel bekommen – so fühlt sich Ihr Kind in der Pubertät die ganze Zeit!
>
> Ihr Kind muss viele Veränderungen verarbeiten: Sein bisher vertrauter Körper verändert sich, ohne dass es dies beeinflussen kann. Manchmal wächst ihr Kind sehr schnell. Dadurch geraten die Körperproportionen, also das Größenverhältnis der einzelnen Körperteile, durcheinander und Ihr Kind muss sich erst an die längeren Beine und längeren Arme gewöhnen und ist vielleicht für eine Übergangszeit etwas ungeschickt. Es fühlt sich vielleicht etwas fremd in seinem eigenen Körper.

Zusätzlich bewirken Wachstumsprozesse im Gehirn und die Hormone Stimmungsschwankungen, die für die Umwelt nicht vorhersehbar sind – für Ihr Kind allerdings auch nicht. So wird es von seinen eigenen Gefühlen manchmal überwältigt. Für Sie als Eltern ist das nicht immer leicht zu ertragen. Manchmal erscheinen die gefühlsmäßigen Reaktionen des Kindes unverständlich stark auf scheinbar geringe Anlässe. Dann fällt es Eltern schwer, dies zu verstehen. Für Ihr Kind hat insbesondere die Reaktion der Gleichaltrigen meistens eine sehr starke Bedeutung. Legen Sie nicht jedes Wort auf die Goldwaage! In der Pubertät kann es schon einmal vorkommen, dass Ihr Kind sich im Ton vergreift. Wenn dies nicht ständig vorkommt, sollten Sie dies einfach überhören. Allerdings müssen Sie sich natürlich keine Schimpfwörter gefallen lassen. Hier sollten Sie freundlich, aber unmissverständlich deutlich machen, dass Sie in der Form nicht mit Ihrem Kind reden möchten.

In der Pubertät sind die Jugendlichen „nicht Fisch und nicht Fleisch". Sie schwanken zwischen der Welt der Kinder und der der Erwachsenen hin und her, und sie sind mal mehr Kind und mal mehr erwachsen. Dass sie sich dabei manchmal selbst überschätzen, ist in dieser Zeit normal. Auch hier sollten wir als Eltern nachsichtig sein, gerade weil wir es aufgrund unserer Lebenserfahrung besser wissen.

In der Pubertät müssen die Jugendlichen herausfinden, wer sie eigentlich sind. Sie wollen in Erfahrung bringen: Was kann ich? Was kann ich nicht so gut? Welches sind meine Stärken und Schwächen? Bin ich wie meine Eltern oder bin ich ganz anders? Was macht mich als Mensch aus? Wer bin ich?

Die Jugendlichen wollen also auch ihre Grenzen und Möglichkeiten herausfinden. Wenn man aber herausfinden will, wo die Grenzen sind, so muss man diese zunächst überschreiten, um zu merken, dass da überhaupt welche sind! Das ist der Grund, warum Jugendliche in der Pubertät oftmals Grenzen überschreiten. Dabei ist es typisch für Jugendliche, dass sie Gefahren wesentlich geringer einschätzen, als wir Erwachsene. Das kann manchmal gefährlich werden, es hat aber auch den Vorteil, dass auf diese Weise Neues erforscht wird!

Wir sollten unseren Jugendlichen also Gelegenheit geben, Grenzen in gewissem Maße zu überschreiten, und gleichzeitig dafür sorgen, dass ihnen möglichst kein schwerwiegender Schaden dadurch entsteht. Das ist ein Drahtseilakt! Und ein bisschen Glück gehört auch immer dazu. Wir können nicht jedes Risiko für unsere jugendlichen Kinder absichern, und wir können sie nicht vor jedem Risiko bewahren. Es geht also darum, die Gefahr so gering wie möglich zu halten und ihnen gleichzeitig Gelegenheit zum Erforschen ihrer Grenzen zu geben. Es ist wie bei einer automatischen Hundeleine: Mal rollt sie sich weiter ab, mal müssen wir sie wieder ein wenig einholen! Das Wichtigste ist in dieser Zeit, dass wir mit unseren jugendlichen Kindern im Gespräch bleiben. So werden wir als Eltern Gefahren früh genug erkennen und im Gespräch mit den Kindern behandeln können. Eine vertrauensvolle Grundlage, die in den vorhergehenden Jahren geschaffen wurde, ist dabei sehr hilfreich.

Auch wenn Ihr Kind sich manchmal verschlossen zeigt, geben Sie nie auf und versuchen Sie immer wieder, mit Ihrem Kind verständnisvoll zu reden. Seien Sie das „Netz unter dem Hochseil" für Ihr Kind! Gehen Sie davon aus, dass Ihr Kind Sie bis ins junge Erwachsenenalter (ca. 20 Jahre) braucht. Natürlich immer weniger, je älter das Kind wird, aber sagen Sie nicht zu früh, „das muss mein Kind selber wissen, darum kümmere ich mich nicht", sondern stehen Sie mit Rat und Tat bereit, wenn es nötig ist.

Damit die Kinder nicht in die Gefahr geraten, Grenzen illegal zu überschreiten, sollten wir ihnen Gelegenheit geben, Grenzen legal zu überschreiten. Lassen Sie Ihr Kind Außergewöhnliches ausprobieren und befriedigen Sie so sein Bedürfnis nach Nervenkitzel auf legalem Wege. Bungee Jumping statt Autos zerkratzen! Und vielleicht hilft es Ihnen auch, sich manchmal zu erinnern, wie es Ihnen selber in diesem Alter ergangen ist.

Gib kleinen Kindern Wurzeln und großen Kindern Flügel.
Khalil Gibran

1.6 Unkonventionelle Wege in der Elternarbeit

Der Kopf ist rund,
damit das Denken die Richtung wechseln kann.
Francis Martinez Picabia

Manchmal muss man zu ungewöhnlichen Mitteln greifen, wenn man Erfolg haben will. Ungewohnte, überraschende Wege zu gehen, kann festgefahrene Situationen in Bewegung bringen und dadurch neue Chancen eröffnen. Dies gilt gerade auch für Abläufe, Haltungen, Gewohnheiten in Familien oder Partnerschaften. Versuche, Eltern zu überreden und zu überzeugen, bringen niemanden weiter, weil hier entweder Reaktanz entsteht oder tausend Gründe genannt werden, warum etwas „nicht geht". Dahinter steht die Angst vor Neuem und die damit verbundene Ungewissheit und die Scheu vor der Mühe, die etwas Neues immer auch mit sich bringen kann. Nach dem Motto „Da wissen wir wenigstens, was wir haben" (auch wenn es schlecht ist), wird dann eher an alten Verhaltensweisen festgehalten, als dass Neues gewagt wird.

Hier kann es grundsätzlich helfen, das Neue als „Experiment" zu bezeichnen und zu betrachten, das man sich einmal neugierig und interessiert ansieht. Durch diese Sichtweise erfolgt eine gewisse Distanzierung, die die persönliche Involvierung in die Situation reduziert und diese daher nicht ganz so emotional erleben lässt. Die Geduld kann dadurch größer sein, die potentielle persönliche Kränkung geringer. Mit der Haltung, „Was soll schon passieren? Das Schlimmste, das passieren kann, ist, dass sich nichts ändert. Und dann sind wir nicht schlechter dran als jetzt!", fällt es leichter, sich auf neues Verhalten einzulassen.

Unkonventionelle Ansätze sind oft auch einfach witzig und Humor ist immer eine gute Möglichkeit, mit schwierigen Situationen umzugehen, sie gelassener zu sehen. Sich über Dinge zu ärgern, die nachträglich sowieso nicht mehr zu ändern sind, ist Zeit- und Energieverschwendung und schadet der Gesundheit. Da ist es intelligenter, seine Energie darin zu investieren, dass etwas Unangenehmes oder ein Fehler nicht noch einmal passiert!

Für klassische Situationen, die in der Zusammenarbeit mit Eltern bzw. Familien immer wieder auftreten, sind deshalb im Folgenden einige Anregungen zusammengestellt:

Kekse zum Zuhören
Hat man die ganze Familie am Tisch, um ein heikles Thema oder einen Vorfall zu besprechen, der die Emotionen hochkochen lässt, so passiert es oft, dass die Familienmitglieder sich nicht ausreden lassen, sondern sich ins Wort fallen oder durch abfällige, aggressive oder auch nur ungeduldige Äußerungen den anderen unterbrechen und vielleicht abwerten. In einer solchen Situation kann es hilfreich sein, vor jedes Familienmitglied einen Teller mit leckeren Keksen zu stellen, verbunden mit der Regel „Wenn Dein Bruder, Deine Mutter, Ihre Tochter ... oder wem auch immer derjenige schwer zuhören kann ... redet, nimmst Du/nehmen Sie einen Keks in den Mund!" Mit vollem Mund ist es schwer, jemandem ins Wort zu fallen. Außerdem wird das Schweigen/Zuhören/Nicht-ins-Wort-Fallen sofort positiv verstärkt durch den leckeren Geschmack!

Pralinen und Mensch-ärgere-Dich-nicht
Wenn Eltern „nie Zeit haben", mit ihrem Kind auch nur kurz zu spielen, weil „immer etwas (Wichtigeres) zu tun" ist, kann man Pralinen in einem Gesellschaftsspiel verstecken, die dann als sofortige positive Verstärkung bei den Eltern wirken, wenn sie das Spiel zur Hand nehmen. Das Risiko, dass nur die Praline gegessen wird, ohne dann zu spielen, muss man in Kauf nehmen. Wenn es nicht funktioniert, probiert man eben etwas anderes.

Erst die Arbeit, dann das Spiel?
Wenn Eltern „keine Zeit haben", etwas mit den Kindern gemeinsam zu machen, weil immer noch etwas anderes vorher erledigt werden muss, kann es helfen, einfach die Situation umzudefinieren und anders zu betrachten. Die Regel „Erst die Arbeit, dann das Spiel" wird umdefiniert in „Die Arbeit *ist* das Spiel". Es ist nicht so wichtig, *was* die Eltern mit den Kindern machen, sondern *dass* sie etwas mit ihnen machen. Die gemeinsame Aktion *muss nicht* unbedingt mit Spielzeug ablaufen! Wenn

am Wochenende die Küche gestrichen werden muss und deshalb keine Zeit für die Kinder bliebe, warum nicht die Küche *mit* den Kindern streichen? Das dauert etwas länger und es kann auch mal anders verlaufen als geplant, aber es ist gemeinsam verbrachte Zeit und Aktivität, die verbindet. Das Ganze bei fetziger Musik und ohne Perfektionsanspruch kann zu einer nachhaltigen positiven Erinnerung für alle werden. Die Kinder in alten Hemden oder Blusen als Kittel und mit einer einfachen Duschhaube, wie es sie in Hotels gibt, als Schutz auf dem Kopf, und los geht's! Und wenn tatsächlich einmal ein Klecks an der Wand ist, wo keiner hinkommen sollte, wird daraus eben ein Schmetterling gemalt. So lernen die Kinder gleich noch anschaulich, wie man mit Fehlern umgeht und Probleme löst.

Was das Spielen im engeren Sinne angeht, muss man sich klar machen: Besser ist immer, Kind *und* Elternteil haben Spaß daran. Das Kind merkt es sowieso, wenn der Elternteil sich nur zum Spielen zwingt. Wenn ein Elternteil also nun einmal nicht mit Autos spielen mag, dann kann er genauso gut etwas anderes aussuchen, an dem er selber auch Freude hat. Der Elternteil wird sich mit besserer Laune dem Kind zuwenden.

Wenn Papa abends von der Arbeit kommt, will er seine Ruhe haben
Verständlich, wenn ein Elternteil nach getaner Arbeit zu Hause Erholung sucht. Ebenso verständlich, wenn der andere Elternteil, der sich vielleicht den ganzen Tag um die Kinder gekümmert und den Haushalt versorgt hat, sich Entlastung und geistigen Austausch wünscht. Und wenn die Kinder sich darauf freuen, noch etwas mit dem Vater zu machen, den sie den ganzen Tag nicht gesehen haben, ist das ja eigentlich ein gutes Zeichen und kein Grund sich zu ärgern! Eine Möglichkeit ist es, sich in Abwehrkämpfe zu verstricken, sich mit gegenseitigen Vorwürfen zu überziehen und so die wertvolle knappe Zeit zu vergeuden. Mehr Sinn macht es zu überlegen, auf welche Weise sich jeder am besten erholt und daraus dann die „Schnittmenge" zu entwickeln als *gemeinsame* Erholungszeit. Wenn der Vater gerne Gitarre spielt und sich dabei entspannen kann, warum soll dann nicht die ganze Familie wie am Lagerfeuer im Wohnzimmer auf dem Teppich sitzen und ihr Abendbrot als Picknick einnehmen, während der Vater Gitarre spielt. Wenn dann alle mitsingen oder die Mutter sogar noch mit ih-

rem Keyboard einstimmt, kommt jeder zu seinem Recht und alle sind zufrieden.

Warum siehst Du nicht ein, dass ich Recht habe?
Oft kommt es vor, dass Eltern und/oder Kinder sich darum streiten, wer Recht hat. Jeder ist felsenfest davon überzeugt, dass er Recht hat, und versteht absolut nicht, warum der andere das nicht einsieht, wo es doch so offensichtlich ist! Da kann eine kleine Übung helfen, die Kindern wie Eltern schnell klarmacht, worum es geht:

Die beiden betreffenden Personen sollen sich gegenüber sitzen. Zwischen beide stellen wir z. B. eine Tasse mit Henkel, wobei der Henkel rechtwinklig zu den Personen ausgerichtet sein muss (es kann auch ein beliebiger anderer Gegenstand sein, der von zwei Seiten unterschiedlich aussieht, z. B. eine Scheibe mit einer roten und einer grünen Seite). Nun fragen wir den einen: „Auf welcher Seite der Tasse ist der Henkel?" Er antwortet: „Rechts". Nun stellen wir dem anderen dieselbe Frage und er antwortet natürlich: „Links". Wir fragen noch ein wenig pointierter: „Sie sagen rechts, Sie sagen links – ja was denn nun? Können Sie nicht richtig gucken? Das kann doch nicht so schwer sein festzustellen, auf welcher Seite der Henkel ist! Wer hat denn nun Recht?"

Die Antwort ist klar und auch dem kleinsten oder dem intellektuell schwachen Kind wird klar, dass beide Recht haben – jeder von seinem Standpunkt. Damit ist auch klar, dass niemand in böser Absicht, oder weil er den anderen für dumm hält, auf seinem Standpunkt insistiert hatte. Die Sicht war nur zu eingeschränkt. Der Lerneffekt ist nachhaltig: Es lohnt sich, einmal „die Seite zu wechseln" und sich in den anderen hineinzuversetzen!

Lass mich schlafen!
Wenn Kinder oder vor allem auch Jugendliche morgens nicht aufstehen wollen, wird man natürlich zunächst einmal herausfinden müssen, ob z. B. Schulschwierigkeiten der Grund sind, sei es mit den Klassenkameraden und Lehrern oder sei es im Leistungsbereich. Auch andere Probleme können die Ursache sein, die zunächst abgeklärt werden muss. Wenn es sich jedoch herausstellt, dass es keine tiefergehenden Gründe gibt, sondern das Kind einfach kein Morgenmensch ist, kann es eine gute Idee sein, humorvoll zu reagieren. Da kann dann auch einmal der

Hund der Familie als Wecker zum Einsatz kommen: Die Eltern können Hundekuchen unter dem Kopfkissen des Kindes verstecken und den Hund dann morgens ins Zimmer des Kindes schicken ... Das erspart den Eltern verärgerte Reaktionen des müden Kindes, „Lass mich schlafen! Geh raus!" usw., und ist sehr effektiv! Hunde sind sehr entschlossen und hartnäckig, wenn es um Futter geht!

Frühstück im Bett
Wenn das Kind dann wach ist, entsteht oft das nächste Problem: Es bekommt keinen Bissen herunter und geht ohne Frühstück in die Schule. Natürlich kann man zunächst einmal erfragen, ob ein anderes Frühstücksangebot den Appetit verbessern würde. Ein Becher Kakao wäre ja auch schon besser als gar nichts. Wenn auch das nicht geht, hilft es dem Kind vielleicht, wenn es einen Joghurt im Bett essen darf. Manche Kinder sind dann entspannter und es fällt ihnen leichter, wenigstens eine Kleinigkeit zu sich zu nehmen. Warum dann nicht die Reihenfolge ändern und erst nach dem Frühstück aufstehen und ins Bad gehen? Wer hat gesagt, dass man wochentags nicht im Bett frühstücken darf?

1.7 Formen der Elternarbeit

In der Elternarbeit ergänzen sich vielfältige Ansätze und sie bieten sowohl methodisch als auch inhaltlich unterschiedliche Möglichkeiten. Ohne Anspruch auf Vollständigkeit gibt Infokasten 5 einen Überblick über verschiedene Formen der Elternarbeit.

Infokasten 5: Formen der Elternarbeit

A Einzelgespräche
  1. Kontaktaufnahme und Motivierung
  2. Diagnostisch
  3. Beratend/Therapeutisch
B Elterngruppenarbeit
  1. Freier Elternabend/Informationsaustausch

> 2. Themenorientiertes Gruppengespräch
> 3. Elterntraining
>   a) situationsspezifisches Verhaltenstraining
>   b) Veränderung des Erziehungsstils und der Erziehungseinstellung, curriculares Elterntraining, z. B. das Rendsburger Elterntraining

1.8 Kurzinformation zum Rendsburger Elterntraining

Das **Rendsburger Elterntraining** ist ein **curriculares Programm zur Veränderung der Erziehungseinstellung und des Erziehungsstils** in Richtung liebevoll konsequenten Verhaltens. Also einerseits partnerschaftlich einfühlend, andererseits Grenzen setzend und konsequent. Probleme sollen in partnerschaftlicher Weise gelöst werden, das Kind soll als eigenständige Persönlichkeit verstanden werden, mit dem Recht auf eigene Gefühle, Empfindungen, Bedürfnisse und Interessen. Gleichzeitig sollen die Eltern lernen, Grenzen zu setzen und konsequent zu sein. Dies entspricht einem Erziehungsstil, der in der Literatur als autoritativer, sozialintegrativer, demokratischer oder partnerschaftlicher Erziehungsstil bezeichnet wird.

Ziel des Elterntrainings ist dabei die Stärkung der Erziehungs- und Problemlösekompetenz der Eltern, so dass sie auftretende Probleme künftig selber lösen können. So kann eine stationäre Unterbringung ihrer Kinder beispielsweise vermieden oder eine frühere Rückführung aus stationärer Unterbringung möglich werden. Die Interaktion von Eltern und Kindern soll insgesamt verbessert werden.

Das Elterntrainingsprogramm integriert *inhaltliche* Elemente aus der Gesprächstherapie, Verhaltenstherapie und Kommunikationstheorie. Die *Methodik* des Rendsburger Elterntrainings ist verhaltenstherapeutisch/lerntheoretisch ausgerichtet. Den Eltern wird einerseits Erziehungsgrundwissen vermittelt, der Schwerpunkt liegt jedoch auf praktischen Übungen und Rollenspielen, auf der Einübung alternativer Verhaltensweisen, um so den Transfer in die Praxis sicherzustellen.

Das Rendsburger Elterntrainingsprogramm wurde 1976 entwickelt und seitdem in unterschiedlichen Kontexten erfolgreich eingesetzt und weiterentwickelt. Es ist sowohl bei Eltern von ambulant betreuten als auch von stationär untergebrachten Kindern einsetzbar als auch präventiv (s. dazu Egert 1979; Egert 1985; Egert-Rosenthal 1997).

Das Rendsburger Elterntraining wird in einer festen Elterngruppe durchgeführt. Es erstreckt sich über 22 Einheiten zu jeweils eineinhalb bis zwei Stunden und findet einmal pro Woche statt. Jede Einheit baut auf der vorhergehenden auf, so dass eine kontinuierliche, regelmäßige Teilnahme erforderlich ist.

Das Elterntraining setzt sehr niederschwellig an und setzt bei den Eltern noch kein Problembewusstsein voraus. Die Auseinandersetzung mit Erziehungsfragen und die Motivierung zu Veränderungen sind vielmehr schon Bestandteil des Elterntrainings. Voraussetzung für die Teilnahme am Elterntraining ist lediglich die Bereitschaft, sich im Interesse des Kindes und der ganzen Familie für die Dauer von ca. einem halben Jahr regelmäßig einmal pro Woche die Mühe zu machen, für etwa zwei Stunden an dem Kurs teilzunehmen. Alles andere wird im Kurs erarbeitet. Es ist also ein gewisses „Restinteresse" am Kind erforderlich, um sich dieser Mühe zu unterziehen.

Dagegen spielt die Bildung oder Intelligenz der Eltern als Voraussetzung für die Teilnahme keine Rolle, mit der Einschränkung, dass sie nicht geistig behindert sein sollten. Eine Lernbehinderung ist jedoch für die Teilnahme am Kurs kein Problem. Vielmehr ist es Aufgabe der Trainer, die Inhalte so zu vermitteln, dass sie leicht verständlich sind. Dies ist eine Anforderung an das didaktische Geschick der Trainer, aber nicht an die Intelligenz der Eltern.

Voraussetzung für die Teilnahme ist auch, dass bei den Eltern eine persönliche (psychische, Sucht- oder Partnerschafts-)Problematik nicht *im Vordergrund* der Probleme steht, sondern die Kindererziehung. Dabei muss „*im Vordergrund stehend*" sehr betont werden. Selbstverständlich haben viele Eltern *auch* Probleme in der Partnerschaft, haben psychische Probleme oder trinken Alkohol, dies ist hier nicht gemeint. Vielmehr geht es darum, dass Eltern, bei denen eine derartige Problematik *im Zentrum* steht, zunächst selber therapeutischer Hilfe bedürfen. Sie sind nicht in der Lage, sich auf Erziehungsprobleme zu konzentrieren, solange ihnen nicht zuerst selbst geholfen wurde. Ein Elterntraining würde sie daher überfordern und wäre die falsche Maßnahme bzw. es wäre der falsche Zeitpunkt für dieses Angebot.

Auch wenn sexueller Missbrauch im Zentrum der Problematik steht oder durch den in der Familie lebenden Vater erfolgte, wäre ein Elterntraining nicht das Mittel der Wahl. Hier müssen andere therapeutische Methoden eingesetzt werden, z. B. neben der Gewährleistung der Sicherheit des Kindes eine Traumatherapie des Opfers. Hierfür bietet sich vor allem EMDR an als hoch effektive Methode, die selbst für kleine Kinder oder für lernbehinderte Kinder gut geeignet ist, da sie nicht viel reden müssen.

Das Elterntraining kann nicht persönliche Probleme der Eltern aufarbeiten oder lösen. Es kann auch nicht soziale Probleme oder alle familiären Probleme beseitigen. Auch hier müssen andere Methoden zum Einsatz kommen.

Das Elterntraining ist jedoch ein sehr hilfreiches und effektives Angebot für Familien mit Erziehungsproblemen, innerfamiliären Konflikten und Verhaltensauffälligkeiten der Kinder. Infokasten 6 fasst die wesentlichen Informationen zum Rendsburger Elterntraining noch einmal kurz zusammen.

Infokasten 6: Kurzinformation zum Rendsburger Elterntraining

Inhalt:
- Sensibilisierung und Auseinandersetzung mit Erziehungsfragen und -prozessen,
- Information über Erziehung und psychologische Zusammenhänge der kindlichen Entwicklung,
- Einübung alternativer Verhaltensweisen im Umgang mit den Kindern.

Ziel:
Veränderung der Erziehungseinstellung und des Erziehungsstils in Richtung liebevoll konsequenten Verhaltens, also einerseits partnerschaftlich, verständnisvoll, einfühlend, andererseits Grenzen setzend, konsequent,

dadurch:
- Erhöhung der erzieherischen Kompetenz und Problemlösekompetenz der Eltern,
- Verbesserung der Interaktion zwischen Eltern und Kindern.

Dauer: ca. sechs Monate einmal wöchentlich zwei Stunden

Zielgruppe: Familien mit Erziehungsproblemen, innerfamiliären Konflikten, Verhaltensauffälligkeiten der Kinder

Voraussetzung bei den Eltern:
- Die Eltern müssen ein Restinteresse an ihrem Kind haben;
- die Kinder sollen evtl. in absehbarer Zeit ins Elternhaus reintegriert werden;
- persönliche Probleme der Eltern (Alkoholismus etc.) stehen nicht *im Vordergrund* der Probleme, sondern die Kindererziehung;
- sexueller Missbrauch steht nicht im Zentrum und bezog sich nicht auf den bei der Familie lebenden Vater;
- eine geistige Behinderung der Eltern liegt nicht vor.

Das Elterntraining kann nicht erreichen:
- Lösung aller familiären Probleme;
- Lösung oder Aufarbeitung persönlicher Probleme der Eltern (Ehe, Süchte, soziale Probleme);
- automatische Entlassung des Kindes aus stationärer Betreuung nach Ende des Elterntrainings.

2

Aufbau des Rendsburger Elterntrainings

Das Elterntraining gliedert sich in fünf Phasen, die aufeinander aufbauen und sich ergänzen. Erziehung wird unter verschiedenen Blickwinkeln betrachtet. Die Eltern bekommen unterschiedliche Hilfsmittel, „Handwerkzeuge", an die Hand, die ihr Verhaltensrepertoire erweitern und es ihnen ermöglichen, sich ihren Kindern gegenüber anders als bisher zu verhalten. Verschiedene erprobte, hilfreiche Methoden und Inhalte aus der Psychologie werden für die Erziehung nutzbar gemacht und den Eltern nicht nur theoretisch vorgestellt, sondern vor allem praktisch eingeübt. Infokasten 7 zeigt den Aufbau des Rendsburger Elterntrainings.

Die Pyramide ist von unten nach oben zu lesen: Das Programm beginnt sehr einfach und niederschwellig und schreitet fort bis zum komplexesten Bereich am Schluss, bei dem alle bis dahin erlernten Fähigkeiten zum Einsatz kommen.

Zunächst sollen die Eltern in den ersten Einheiten überhaupt erst einmal für Erziehungsfragen sensibilisiert werden. Sie sollen sich auf eine ganz rudimentäre Art und Weise mit Erziehung auseinander setzen und erkennen, dass ihr eigenes Verhalten etwas mit dem Verhalten ihrer Kinder zu tun hat. Dadurch wird die Motivation zur Veränderung und letztlich zur Mitarbeit geschaffen.

Infokasten 7: Aufbau und Elemente des Rendsburger Elterntrainings

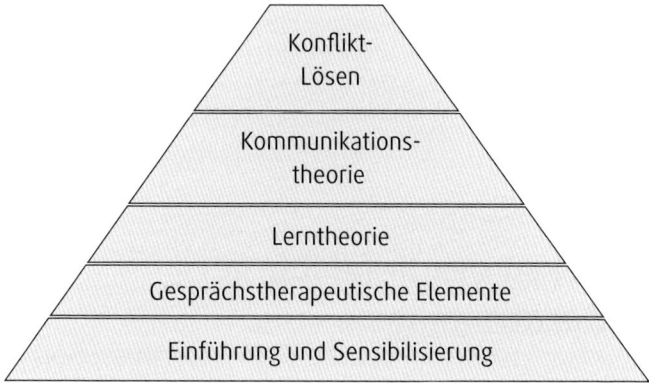

Danach folgt eine Phase, in der gesprächstherapeutische Elemente im Vordergrund stehen. Hier stehen die Gefühle von Kindern und Eltern im Zentrum. Es geht darum, einerseits die Kinder besser zu verstehen und andererseits auch die eigenen Gefühle den Kindern verständlich zu machen.

Danach folgt eine Phase, in der Erziehung bzw. das Verhalten von Kindern und Eltern unter lerntheoretischer Sichtweise betrachtet wird. Die Eltern lernen die Grundzüge der Lerntheorie kennen und anzuwenden. Hier hat auch das Thema „Grenzen setzen und konsequent sein" seinen Platz.

In der kommunikationstheoretischen Phase bekommen die Eltern zusätzliche Hilfen an die Hand, die die Verständigung mit ihren Kindern erleichtern sollen, so dass es weniger Missverständnisse und Konflikte gibt.

In der letzten Phase schließlich lernen Eltern und Kinder eine Methode kennen, die es ihnen ermöglicht, schwerwiegendere Probleme so zu lösen, dass alle Beteiligten zufrieden sind.

Infokasten 8 zeigt, welche Themen die Phasen im Einzelnen enthalten.

Infokasten 8: Aufbau des Rendsburger Elterntrainings im Detail

Das Programm besteht aus 22 Einheiten und bezieht an mehreren Stellen auch die Kinder mit ein. Mit den Kindern werden parallel zum Elterntraining an einigen Stellen bestimmte Themen in kindgerechter Weise erarbeitet, so dass sie auf die gemeinsamen Einheiten von Eltern und Kindern vorbereitet sind. Die Abfolge der Einheiten ergibt sich logisch aus den Einheiten. Eine Einheit baut jeweils sowohl inhaltlich als auch didaktisch und hinsichtlich der Gruppendynamik auf der vorhergehenden Einheit auf.

Allerdings sollte der zeitliche Ablauf nicht starr gesehen werden: Wenn es aus inhaltlichen oder gruppendynamischen Gründen notwendig ist, muss einem Thema auch einmal etwas mehr Zeit gewidmet werden. Außerdem kann es vorkommen, dass sich ein spezielles Thema ergibt, das so nicht explizit im Elterntrainingsprogramm vorgesehen ist, aber viele Eltern des Kurses sehr interessiert (z. B. Fernsehen, Drogen, Sexualität, Diebstähle etc.). In diesem Fall sollte man den Eltern anbieten, einmal für eine Einheit das Programm zu unterbrechen und sich nur diesem speziellen Thema zu widmen. Viele Themen werden allerdings im Laufe des Kurses sowieso gestreift, auch wenn sie nicht explizit als Programmpunkt auftauchen. Denn alle Themen werden immer an konkreten Beispielen behandelt, die die Eltern entweder selber benennen oder zumindest in ähnlicher Form aus eigener Erfahrung kennen.

Infokasten 9 zeigt das Programm für die einzelnen Einheiten.

Infokasten 9: Das Programm des Rendsburger Elterntrainings

1. Einheit	Kennenlernen, kurze Darstellung und Begründung des Kurses. Welche Hoffnungen, Erwartungen und Befürchtungen haben die Teilnehmer?
2. Einheit	Überblick über das Programm. Übung: Ist ein Elternkurs notwendig?
3. Einheit	Welche Erziehungsziele haben wir?
4. Einheit	Übung: Gefühle erkennen und benennen
5. Einheit	Dem Kind verständnisvoll zuhören
6. Einheit	Weiteres Üben von verständnisvollem Zuhören
7. Einheit	Regeln zur Erleichterung von Diskussionen
8. Einheit	Die eigenen Gefühle äußern
9. Einheit	Wie gehen Eltern mit ihren Kindern um?
10. Einheit	Gemeinsame Einheit mit Eltern und Kindern
11. Einheit	Die Gesetze, nach denen Verhalten gelernt wird. Wie wir Verhalten fördern können
12. Einheit	Die Wirkung von Bestrafung

13. Einheit	Wie wir Verhalten zum Verschwinden bringen
14. Einheit	Lernen durch Nachahmung. Grenzen setzen
15. Einheit	Konsequent sein
16. Einheit	Mitteilungen ohne Worte
17. Einheit	Dem anderen Rückmeldung über sein Verhalten geben
18. Einheit	Das Gespräch über das Gespräch. Wie laufen Streits ab?
19. Einheit	Wie können Eltern und Kinder Probleme gemeinsam lösen?
20. Einheit	Üben von Konfliktlösen
21. Einheit	Gemeinsame Einheit mit Eltern und Kindern. Lösen eines realen Problems in der Familie
22. Einheit	Abschluss, Rückblick, Auswertung

Optional kann ergänzend ein ‚Familienwochenende' durchgeführt werden, bei dem auf spielerische Weise das vertieft wird, was sonst in den einzelnen Einheiten erarbeitet wird. Kinder jeden Alters können daran teilnehmen und es wirkt wie ein Katalysator auf das, was sonst im Elterntraining erreicht wird.

3

Die einzelnen Phasen des Elterntrainings

*Nur wer selbst brennt,
kann andere entzünden.*
Augustinus

Erfolgreiche Elternarbeit muss sensibel aufgebaut werden. Sie folgt einem gewissen Ablauf, in dem Ziele aufgestellt und systematisch Schritt für Schritt erarbeitet werden. Dabei ist es hilfreich, auf ein breites Spektrum unterschiedlicher Methoden zurückgreifen zu können, die flexibel einsetzbar sind. Dies gilt für alle Formen von Elternarbeit, für Einzelgespräche ebenso wie für Elterngruppen. Elternarbeit wird dadurch gleichermaßen zielgerichteter, verbindlicher und ökonomischer. Die verschiedenen Phasen und Möglichkeiten der Elternarbeit werden im Folgenden am Beispiel des Rendsburger Elterntrainings inhaltlich umrissen und mit ihren jeweiligen wesentlichen Charakteristika dargestellt.

3.1 Die Einführungs- und Sensibilisierungsphase

Jegliche Elternarbeit beginnt im Grunde genau wie das Elterntraining mit einer Einführungs- und Sensibilisierungsphase. Die Eltern sollen in dieser Phase für Erziehungsfragen sensibilisiert werden und offen für neue Möglichkeiten werden.

Obwohl die Eltern, die am Elterntraining oder einer anderen Maßnahme teilnehmen und die Beratung oder Hilfe suchen, in der Regel ja bereits Probleme mit ihren Kindern haben, ist die Auseinandersetzung mit Erziehungsfragen keineswegs selbstverständlich. Vielmehr werden diese Probleme gegenüber der Nachbarschaft und der Verwandtschaft häufig tabuisiert. Eine inhaltliche Auseinandersetzung mit Erziehungsfragen ist daher für viele Eltern neu und findet nun häufig erstmals statt. Bereits die Beschäftigung mit elementaren Fragen zu diesem Thema auf einem ganz rudimentären Niveau gibt den Eltern Denkanstöße und stimmt sie oft nachdenklich. Zu diesem Effekt kann im Elterntraining z. B. auch ein kurzer Spielfilm eingesetzt werden, der eine typische Familiensituation zeigt, mit der sich viele Eltern identifizieren können. Er soll die Eltern emotional labilisieren, so dass sie offen für neue Möglichkeiten werden (s. dazu Egert 1991).

In dieser ersten Phase wird ein Problembewusstsein bei den Eltern geweckt. Sie erkennen Notwendigkeiten und auch Perspektiven für Veränderungen und werden so zur Mitarbeit motiviert. Die Einführungs- und Sensibilisierungsphase legt daher die Grundlagen für alle weiteren Phasen.

Entscheidend ist dabei, dass in keiner Weise von „Schuld" gesprochen wird. Wenn Eltern erste Zusammenhänge erkennen zwischen dem Verhalten ihrer Kinder und ihrem eigenen Verhalten, äußern sie oft: „Dann bin ich ja an allem Schuld" oder „Wenn man das so sieht, dann hat man ja ganz schön viel falsch gemacht". Hier ist es entscheidend, den Eltern die Schuldgefühle zu nehmen. Es kommt nicht darauf an, dass sie „reuig bekennen" oder „gestehen", was sie bisher falsch gemacht haben. Schuldgefühle helfen nicht weiter bei Veränderungen. Sie behindern sie eher, weil die Eltern dann innerlich oder auch gegenüber einer Elterngruppe mit Rechtfertigungen beschäftigt sind. Es ist daher wichtig, den Eltern deutlich zu machen, dass es nur darauf ankommt, dass sie *jetzt hier* sind. Das zeigt, dass sie etwas ändern wollen, und damit ist eine gute Grundlage gegeben, tatsächlich etwas zu verändern. Dabei hilft es auch, Folgendes deutlich zu machen:

Infokasten 10: „Führerschein"

> „Heutzutage gibt es für alle möglichen Gelegenheiten Kurse. Wer ein Auto fahren will, muss zunächst einen Führerschein machen und eine Fahrschule besuchen. Nur Kindererziehung lernt man nirgendwo, die soll einfach so klappen. Dabei ist sie gerade eine der schwierigsten Aufgaben überhaupt. So ist es kein Wunder, wenn es hier manchmal Probleme gibt."

Wichtig ist es, das Verantwortungsbewusstsein zu betonen, das die Eltern dadurch zeigen, dass sie sich um Hilfe bemühen und z. B. am Elternkurs teilnehmen.

Gelegentlich kommt es zu abfälligen Bemerkungen von Bekannten der Eltern, wenn diese erfahren, dass die Eltern fachliche Hilfe in Anspruch nehmen oder an einem „Elternkurs" teilnehmen. „Hast du so etwas nötig?", bekommen sie etwa zu hören. Hier ist es wiederum wichtig, die Eltern darin zu bestätigen, dass sie Hilfe annehmen. Man kann Folgendes deutlich machen:

Infokasten 11: Verantwortungsbewusstsein

> „Wenn Ihr Kind ein gebrochenes Bein hat, sagen Sie ja auch nicht: ‚Das wächst schon wieder zusammen!', sondern Sie fahren mit ihm ins Krankenhaus und lassen einen Gips anlegen. Genauso sollte man sich Hilfe holen, wenn man Probleme in der Erziehung hat. *Es ist kein Zeichen von Schwäche, wenn man sich Hilfe holt, sondern von Verantwortungsbewusstsein!"*

Die Eltern sollen also die Zusammenhänge zwischen ihrem eigenen Verhalten und dem ihrer Kinder erkennen. Und wenn sie die Notwendigkeit zur Veränderung sehen, bieten wir ihnen unsere Hilfe an. Wir betonen, dass es Möglichkeiten für Veränderungen gibt. Diese wollen wir gemeinsam erarbeiten. Und wir betonen unsere Zuversicht, dass die Eltern durch diese Hilfe für ihre eigene Familie Veränderungen erreichen werden. Wie wir aus der Therapieforschung wissen, ist die Kompetenzerwartung des Klienten an den Therapeuten ein wesentlicher Faktor für den Therapieerfolg (s. dazu Bandura 1984), und ebenso der Optimismus des Therapeuten für Veränderungen. Dabei ist es allerdings auch wichtig zu betonen, dass Veränderungen Zeit brauchen. Da der Leidensdruck bei den Eltern in der Regel erheblich ist, möchten sie natürlich am liebsten schnell Veränderungen erreichen. Hier muss die Erwartungshaltung durch die Fachkraft so gesteuert werden, dass sie realistisch ist.

Im Elterntraining zeigt sich z. B., dass die Eltern sich während der ersten Einheiten schnell öffnen. Diese Öffnung wird zielgerichtet durch die Trainer ermöglicht und aufgebaut. Hier wirkt auch die Gruppensituation sehr förderlich. Gerade weil die Probleme der Familien häufig gegenüber der Umwelt tabuisiert sind, haben die Eltern oft ein starkes Bedürfnis, diese mitzuteilen und nun endlich einmal darüber zu reden. Dies entlastet die Eltern einerseits sehr und andererseits relativiert der Austausch in der Gruppe ihre eigenen Probleme. Sie bemerken, dass sie mit ihren Problemen nicht alleine sind. Sie stellen fest, dass andere dieselben Probleme haben oder vielleicht noch schlimmere. Dies ist für viele Eltern eine neue Erkenntnis, die sie unglaublich erleichtert und aus ihrer Isolation hinsichtlich der familiären Problematik befreit. Die Trainer können diesen Prozess noch fördern, indem sie gemeinsame Erfahrungen der Eltern betonen.

Schnell fassen die Eltern Vertrauen zur Gruppe und zu den Trainern, wenn sie merken, dass man über Probleme reden darf und nicht gleich verurteilt wird. Dies ist ein sich selbst beschleunigender Prozess: Die Offenheit schafft Vertrauen und führt zu weiterer Öffnung.

Die Gruppenbildung und die Vertrauensbildung sowohl innerhalb einer Gruppe als auch gegenüber den Fachkräften sind weitere wesentliche Ziele innerhalb der ersten Phase. Dass die Eltern an Sicherheit in der ungewohnten Situation gewinnen, kann von Seiten der Fachkräfte zusätzlich dadurch gefördert werden, dass sie anfangs *jede* Äußerung unabhängig vom Inhalt verstärken (sofern es sich nicht um menschenverachtende, ethisch bedenkliche Äußerungen handelt). Es sollte nur positive Verstärkung gegeben werden und keinerlei negative Rückmeldung. Erstes Ziel ist zunächst, *dass* die Eltern sich äußern, die Inhalte gelangen dann später in den Vordergrund.

Wichtig ist in der Anfangsphase auch, v. a. in der Gruppensituation, die Eltern nicht zu unterbrechen und ihr Mitteilungsbedürfnis ausgibig zu befriedigen. Tut man dies nicht, um vermeintlich Zeit zu sparen, so wird sich das im weiteren Verlauf rächen. Die Eltern werden dann auch zu späteren Zeitpunkten noch ausführlich von ihren Problemen erzählen wollen, weil sie das Gefühl haben, noch nicht richtig verstanden worden zu sein. Die anderen Eltern und v. a. die Trainer wüssten ja noch gar nicht richtig, wie es bei ihnen zu Hause so zugeht. Lässt man die Eltern dagegen während der ersten drei bis vier Termine ausführlich erzählen, so ist das Bedürfnis irgendwann befriedigt und man kann sich der Arbeit zuwenden.

Schließlich werden in der Anfangsphase auch grundlegende Arbeitsweisen einzeln oder in Gruppen eingeführt, wie Kleingruppenarbeit, Übungen, Rollenspiele, und es werden die Standards für die Gruppenarbeit gesetzt.

In diesem Zusammenhang ist es wichtig, den *Arbeitsaspekt* der Hilfe zu betonen. Die Veränderungen werden gemeinsam *erarbeitet*, sie werden sich nicht von selbst einstellen. Dabei sollte die Eigenverantwortlichkeit der Eltern betont werden für das, was sie aus dem Elterntraining oder Elterngespräch mitnehmen. Die verbreitete Konsumhaltung führt häufig zu der Erwartung: „Mach mir mal … mein Problem weg, Unterhaltung, Veränderung oder ein besseres Leben."

In einer Elterngruppe gilt: Obwohl die Trainer in gewisser Weise immer auch „Entertainer" sind, was die Didaktik und die Gruppenatmosphäre angeht, sollten sie doch von Anfang an klarmachen, dass es an jedem selbst liegt, wie viel er von dem Kurs profitiert. Die Trainer schaffen die besten Voraussetzungen und bieten nach bestem Wissen und den Regeln der Kunst die Inhalte an, aber die Rezeption bleibt ein aktiver Prozess, für den die Teilnehmer selbst verantwortlich sind.

Dass die bisher beschriebenen wie auch alle künftigen Gruppenprozesse durch die Trainer permanent verbal und nonverbal gelenkt werden müssen, versteht sich von selbst.

So scheinbar simpel und vergleichsweise anspruchslos die Inhalte der Einführungs- und Sensibilisierungsphase sind, so wesentlich und grundlegend sind sie und die dort ablaufenden gruppendynamischen Prozesse doch für die weitere Arbeit.

Für die Eltern bedeutet diese Phase, besonders in der Gruppensituation, Konfrontation mit einer Fülle von Neuem und Ungewohntem, das sie erst einmal verarbeiten müssen. Gerade dafür bleibt bei der langsamen, allmählich aufbauenden Vorgehensweise genügend Raum, so dass sich die Eltern nicht überfordert fühlen.

Infokasten 12 fasst noch einmal die wesentlichen Aspekte der Anfangsphase zusammen.

Infokasten 12: Die Einführungs- und Sensibilisierungsphase

Ziele:
- Sensibilisierung und Öffnung für Erziehungsfragen,
- Gruppenbildung,
- Vertrauensbildung: → Gruppe, → Trainer,
- Wecken von Problembewusstsein,
- Erkennen von Notwendigkeiten und Perspektiven für Veränderungen,
  Motivierung zur Mitarbeit,
- Relativierung der eigenen Probleme → Entlastung,
- Einführung grundlegender Arbeitsweisen in der Gruppe.

Wichtig dabei:
- Jede Äußerung unabhängig vom Inhalt verstärken,
- nur positive Verstärkung geben,
- keine negative Rückmeldung,
- nicht unterbrechen,
- nicht von Schuld sprechen bzw. betonen, dass es keine „Schuldigen" gibt,
- gemeinsame Erfahrungen betonen,
- Optimismus für positive Veränderungen ausdrücken,
- Arbeitsaspekt betonen,
- Zeitaspekt betonen (Veränderungen brauchen Zeit),
- Verantwortung der Eltern betonen,
- Gruppenprozesse permanent verbal und nonverbal lenken.

3.2 Die gesprächstherapeutische Phase

*Mit einer Kindheit voll Liebe aber
kann man ein halbes Leben hindurch
für die kalte Welt haushalten.*
Jean Paul

Für Eltern und Kinder hat es sich als hilfreich erwiesen, stärker auf Gefühle zu achten, „gesprächstherapeutisches Handwerkszeug" in der Kommunikation mit dem Kind zu nutzen und die Gefühle von Kindern und Eltern in den Mittelpunkt der Betrachtung zu rücken. Die Eltern werden ermutigt und dabei unterstützt, Empathie gegenüber ihren Kindern auszubilden. Durch intensives Einüben können sie lernen, über die Verbalisierung von Gefühlen (im Rendsburger Elterntraining „verständnisvolles Zuhören" genannt) mehr Verständnis für ihr Kind und einen besseren Zugang zu ihrem Kind zu erlangen. Die Gefühle werden den Eltern als „Schlüssel zum Kind" erklärt und nahegebracht. Sie lernen, sich besser in die Kinder einzufühlen und deren Gefühle und Probleme nachzuempfinden, z. B. „Du bist traurig" anstatt „Sei doch nicht so schlecht gelaunt!" Außerdem sollen sie auch lernen, das Kind als eigenständige Person mit eigenen Gefühlen und Bedürfnissen zu respektieren.

Gleichzeitig lernen die Eltern auch, ihre eigenen Gefühle gegenüber dem Kind zu erkennen und in Form von „Ich-Botschaften" zu äußern, z. B. „Ich bin enttäuscht, dass Du Dich nicht an unsere Vereinbarung gehalten hast" anstatt „Auf Dich kann man sich ja sowieso nicht verlassen!" Insgesamt soll so die Interaktion mit dem Kind intensiviert und verbessert werden. Die Eltern erhalten so auch eine Hilfe zur Lösung von Problemen.

Für die meisten Eltern ist diese Art des Umgangs mit dem Kind völlig neu und ungewohnt. Da die Äußerung von Gefühlen überhaupt eher unüblich, z. T. verpönt ist, müssen sich die Eltern erst langsam daran gewöhnen und es immer wieder einüben. Dabei ist es sehr wichtig, dass die Trainer auch kleinste Fortschritte sofort verstärken, um den Eltern Mut zu machen.

Warum das Verbalisieren emotionaler Erlebnisinhalte und der personenzentrierte Ansatz insgesamt hilfreich ist und wie er wirkt, belegen zahlreiche Studien.

Man hat festgestellt, dass das Benennen von negativen Gefühlen bei deren Verarbeitung hilft bzw. es sie absinken lässt: Bei Traurigkeit oder Ärger ist die Amygdala aktiv. Sie ist im Gehirn zuständig für die Verarbeitung von Angst, Panik und anderen starken Emotionen und sie aktiviert Stresshormone. Wenn Affekte verbalisiert werden, nimmt die Amygdalaaktivität ab und stattdessen nimmt die Aktivität des ventrolateralen präfrontalen Cortex zu, der für die Kontrolle von Impulsen bzw. Emotionen zuständig ist (Lieberman et al. 2007).

„Bei stärkerer emotionaler negativer Erregung ist die rechte Gehirnhälfte stark aktiviert. Wird aber gleichzeitig die linke Gehirnhälfte (Sprache, Wahrnehmung, Denken) aktiviert, so führt dies zu einer Minderung und ‚Verarbeitung' der emotionalen Erregung, so dass durch das ‚reflecting of feelings' von Carl Rogers häufig die sprachlichen Kognitionen des Patienten und gleichzeitig die damit zusammenhängenden Emotionen aktiviert werden, was zu einer Abschwächung, ‚Verarbeitung' der starken Emotionen führt" (Tausch 2007, S. 174).

„Durch das Niederschreiben oder Aussprechen (von psychischen Belastungen, Anm. d. Verf.) verminderte sich die hohe Aktivität der rechten Gehirnhemisphäre (Emotionen) und aktivierte sich mehr die damit verbundene und bis dahin weniger aktive linke Gehirnhemisphäre (Sprache, Denken)" (a. a. O., S. 176, Original: Pennebaker 1995, 1999).

Schon lange kennt man die deutlich positiven Auswirkungen personenzentrierten Verhaltens im Alltag, z. B. von Lehrern gegenüber Schülern (Aspy & Roebuck 1973, S. 365–368; Tausch & Tausch 1998).

So hat man auch einen Zusammenhang festgestellt zwischen förderlichen Dimensionen im Verhalten von Kindergärtnerinnen und dem Verhalten der Kinder. Achtung und Wärme im Verhalten der Erzieherinnen hing zusammen mit ausgeprägtem Selbstständigkeitsverhalten und freiem, ungezwungenen Spielverhalten der Kinder. Achtung und Wertschätzung der Erzieherinnen hingen zusammen mit konstruktiver Mitarbeit und Interessiertheit der Kinder. Einfühlendes Verstehen der Erzieherinnen hing zusammen mit Selbstexploration der Kinder und mit aktivem Interesse und konstruktivem Bemühen (Tausch & Tausch 1998, S. 105).

„Die Dimensionen Achtung/Wärme, einfühlendes Verstehen, Echtheit/ Aufrichtigkeit und nichtdirigierende Tätigkeiten fördern die seelische Funktionsfähigkeit des anderen erheblich, insbesondere seine Selbstachtung, ein günstiges Selbstkonzept, seine offene Auseinandersetzung mit dem eigenen Erleben und eine selbstständige Wertebildung" (a. a. O., S. 111).

Achtung und Wärme von Lehrern hing zusammen mit selbstständigem produktivem Denken und Urteilen, mit der Güte der Unterrichtsbeiträge, mit selbstständigem spontanen Verhalten, mit Entscheidung und Eigeninitiative (a. a. O., S. 147). Warmes, verstehendes, freundliches Lehrerverhalten hing zusammen mit produktivem Schülerverhalten: aktive Teilnahme, Zutrauen, Zuversicht, Verantwortlichkeit, Selbstkontrolle, Ideenreichtum der Schüler (a. a. O., S. 147).

Schon lange liegt eine Fülle von weiteren Untersuchungsergebnissen zur Wirkung insbesondere der Dimension „Achtung und Wärme" vor, die die positiven Effekte zeigen konnten (s. dazu Tausch & Tausch 1998).

„Emotionskontrolle wird zum einen dadurch möglich, dass der emotionale Ausdruck kontrolliert wird, zum anderen ist das Sprechen über Emotionen ein wesentlicher Aspekt der Emotionsregulation" (Sinclair & Harris 1991, zit. nach Petermann et al. 2001; Dunn, Brown & Beardsall 1991, S. 448–455, zit. nach Petermann, Döpfner & Schmidt 2001, S. 20).

„Negative, unregulierte Emotionen hindern Kinder daran, angemessene Problemlösestrategien einzusetzen; dadurch wird die Häufigkeit und Ausprägung aggressiven Verhaltens erhöht" (Snyder, Schrepfmann & Peter 1997, S. 187–215, zit. nach Petermann, Döpfner & Schmidt 2001, S. 20).

„Kinder mit einer sicheren Bindung weisen eine gute Emotionsregulation auf, sind folgsam und leichter erziehbar" (Greenberg, Speltz & DeKlyen 1993, S. 191–213, zit. nach Petermann, Döpfner & Schmidt 2001, S. 22).

„… korreliert fehlende mütterliche Wärme mit aggressivem Verhalten" (Dodge, Pettit & Bates 1994, S. 649–665; Miller, Cowan, Cowan, Hetherington & Clingempeel 1993, S. 3–18, zit. nach Petermann, Döpfner & Schmidt 2001, S. 23).

Mit dem verständnisvollen Zuhören fördern Eltern darüber hinaus die Empathiefähigkeit ihrer Kinder. Empathiefähigkeit wird, wie wir heute wissen, durch Spiegelneuronen im Gehirn ermöglicht. Obwohl sie bei jedem Menschen zunächst vorhanden sind, müssen sie benutzt und trainiert werden, damit sie erhalten bleiben: „Use it or lose it." Indem Eltern ihren Kindern verständnisvoll zuhören, sind sie Modell für Empathie und trainieren so, physiologisch gesehen, die Spiegelneuronen ihrer Kinder. „Die zurückgespiegelten Resonanzen, die das Kind von seinen Bezugspersonen erlebt, sind das ‚Trainingsprogramm' für die Spiegelsysteme des Kindes" (Bauer in Caspary 2006).

Je häufiger die Eltern das verständnisvolle Zuhören anwenden, desto stärker äußern die Kinder von sich aus Gefühle. Die Möglichkeiten der Kinder, Gefühle wahrzunehmen und mitzuteilen, werden dadurch erweitert. Kinder kommen nicht mit dem Wissen auf die Welt, welche Gefühle es gibt. Sie müssen dies, wie vieles andere auch, erst lernen. Sie nehmen vielleicht „ein komisches Gefühl im Bauch" wahr, das sie zunächst nicht näher einordnen, geschweige denn steuern können. Erst durch die Rückmeldung der Umwelt und die Validierung ihrer Gefühle durch die Umwelt lernen sie, dass ihr Gefühl Wut ist oder Unsicherheit etc. In einem nächsten Schritt lernen sie dann, wenn es gut läuft, ihr Gefühl zu regulieren – ein Aspekt, der z. B. auch bei Borderline-Störungen von Bedeutung ist. Durch verständnisvolles Zuhören können Eltern diesen Prozess fördern.

Die Wirkung der Verbalisierung emotionaler Erlebnisinhalte scheint dabei vom Alter des Kindes bemerkenswerterweise unabhängig zu sein. Meins (1997, zit. nach Brisch 2006, S. 224) hat festgestellt: „Wenn die Mutter auf Grund ihrer Empathie in der Lage war, die affektiven Zustände ihres Säuglings angemessen zu verbalisieren, ließ sich danach eine sichere Bindungsentwicklung des Kindes vorhersagen."

D.h., das Kind fühlt sich auch durch die empathische Verbalisierung von Affektzuständen verstanden, wenn es den Inhalt der Worte noch gar nicht verstehen kann!

Sichere Bindung ihrerseits ist ein Schutzfaktor für psychische Gesundheit. So hat man z. B. in Trennungssituationen höhere Werte des Stresshormons Cortisol bei unsicher-vermeidend gebundenen (gegenüber sicher gebundenen) Kindern gefunden, obwohl sie äußerlich keine Reaktion auf die Trennung von der Mutter zeigten (Spangler & Schieche 1998, zit. nach Brisch 2006, S. 225).

Es ist also sinnvoll, auch die Gefühle kleiner Kinder zu verbalisieren. Dies geschieht übrigens auch intuitiv, wenn man z. B. einem schreienden Baby gegenüber mitfühlend sagt: „Tut Dein Bäuchlein weh?"

Die Erfahrung zeigt, dass es manchen Eltern, vor allem Müttern, quasi von Natur aus leichtfällt, auf die Gefühle ihrer Kinder einzugehen, während dies anderen Eltern geradezu unheimlich ist und sie, vor allem Väter, sich hier sehr schwertun. Diese haben meist eher Zugang zu dem vermeintlich stärker intellektuellen, „logischen", „vernünftigen" Teil der Lerntheorien. Es ist gerade ein Vorteil des Rendsburger Elterntrainings, dass Eltern auf Grund der verschiedenen inhaltlichen Elemente auch unterschiedlich Zugang zu Veränderungen finden können. So gleichen sich auch innerhalb der Elterngruppe Stärken und Schwächen aus: Ein Vater, der vielleicht „Schwierigkeiten mit den Gefühlen" hat, kann bei den Lerntheorien „brillieren". Niemand muss sich also ausgegrenzt fühlen. Jeder kann sich das „Werkzeug" aus dem Werkzeugkasten nehmen, das ihm am ehesten entspricht, und dennoch wird von allem etwas in Erinnerung bleiben. Diese Prinzip hat sich auch in der Einzelfallarbeit als hilfreich erwiesen.

Wenn es Eltern dagegen *sehr* schwer fällt, Gefühle überhaupt und vor allem ihre eigenen Gefühle zu erkennen und wahrzunehmen, ist der Grund dafür nicht etwa Unwille oder Opposition, sondern häufig eigene Traumatisierung. In Folge von Traumatisierung wird häufig ein „innerer Schutzwall" aufgebaut, der den Zugang zu Gefühlen verhindert, damit nicht immer wieder der Schmerz oder die Angst der traumatischen Situation erlebt werden. Diese Dissoziation ist eine Schutzfunktion, die dem Traumatisierten beim Überleben hilft und dann generalisiert. Sie führt zu einem Gefühl emotionaler Taubheit. Gelegentlich äußern Eltern dies auch: „Ich habe keine Gefühle." Das hat dann nichts mit Kaltherzigkeit oder Stumpfheit zu tun, sondern ist in der Regel ein Hinweis auf selbst erlebte Traumatisierung, z. B. durch Gewalt, sexuellen Missbrauch oder auch starke Vernachlässigung durch die eigenen Eltern. Entsprechend benötigen diese Eltern besondere Unterstützung und Geduld, um Zugang zu (ihren) Gefühlen zu finden. Außerdem bieten in diesen Fällen ebenfalls die anderen inhaltlichen Elemente, die uns (auch im Elterntraining) zur Verfügung stehen, die Chance, dass die Eltern von diesen profitieren und sich auf diesem Wege etwas verändert.

Die Trainer selbst sind Modell für das erwünschte Verhalten, indem sie mit den Eltern so umgehen, wie diese es mit ihren Kindern tun sollen. Auf Probleme, die die Eltern äußern, reagieren die Trainer also ebenfalls nach gesprächstherapeutischen Gesichtspunkten. Außerdem bringen sie den Eltern genau den Respekt als Person entgegen, den diese ihren Kindern gegenüber realisieren sollen. Die ehrliche Akzeptanz der Eltern mit all ihren Schwächen, aber auch mit ihrem Bemühen um Veränderung, ist Voraussetzung dafür, dass die Fachkräfte fördernd für die Eltern sein können. Sie müssen auch kleinste positive Veränderungen und Fortschritte wahrnehmen und verstärken. So können oft auch bei „schwierigsten" Eltern Verhaltensänderungen erreicht werden. Die unbedingte Wertschätzung und Akzeptanz verbunden mit der Empathie der Trainer setzt Kräfte bei den Eltern frei, die es ihnen dann ermöglichen, ihren Kindern in ähnlicher Art und Weise zu begegnen. Häufig äußern Eltern dann auch mit Bedauern: „Wenn meine Mutter doch mal so mit mir geredet hätte!" In der Literatur wird dieser Wirkmechanismus so beschrieben:

„Nur ein hohes Ausmaß an Achtung/Wertschätzung des Therapeuten für den Patienten, an einfühlendem Verstehen sowie an Aufrichtigkeit/Fassadenfreiheit ... korrelierte deutlich mit Selbstauseinandersetzung und positiven Endergebnissen des Patienten" (Tausch 2007, S. 174).

Weil das Eingehen auf die Gefühle des Kindes oder das Äußern der eigenen Gefühle für die Eltern meist sehr ungewohnt ist, haben sie zunächst Fragen und Zweifel. Diese müssen eingehend bearbeitet werden, damit den Eltern deutlich wird, wie das verständnisvolle Zuhören wirkt und worin der Vorteil besteht.

Fragen und Zweifel, die Eltern in der Regel haben:
- Wozu soll das verständnisvolle Zuhören gut sein?
- So redet doch keiner!
- So viel Zeit habe ich nicht!
- Damit ist das Problem aber doch nicht gelöst!
- Warum soll ich nicht „Warum?" oder nach dem Sachverhalt fragen?
- Verstehen die Kinder das überhaupt?

... und die Antworten darauf:

Wozu soll das verständnisvolle Zuhören gut sein?
Zur Veranschaulichung der Wirkung des verständnisvollen Zuhörens ist es hilfreich, den Eltern ein Beispiel aus ihrem eigenen Erfahrungsraum zu geben, das sie die Wirkung des verständnisvollen Zuhörens selbst erleben lässt:

„Stellen Sie sich bitte vor, als sie morgens zur Arbeit kommen, sagt Ihr Chef zu Ihnen: ‚Also, so geht das nicht, das muss alles ein bisschen schneller gehen. Da sind sonst noch genug, die auf Ihren Job warten!' Als sie nach Hause wollen, regnet es in Strömen, der Bus fährt Ihnen vor der Nase weg. Sie wollen noch schnell beim Bäcker ein Brot kaufen – aber Brot ist ausverkauft. Jetzt kommen Sie zu Hause die Treppe hoch, klingeln und Ihr/e Partner/Partnerin macht die Tür auf. Sie erzählen: ‚Das war vielleicht ein Tag heute! Nur Mist! Das ging schon morgens los und dann den ganzen Tag so weiter. Kannst Du streichen, den Tag!' Darauf antwortet Ihr/e Partner/Partnerin: ‚Mein Gott, Du hast auch immer die größten Probleme! Keinem geht's so schlecht wie Dir, was!' Wie fühlen Sie sich jetzt?" Unschwer können die Eltern zusammentragen, dass sie sich unverstanden, nicht ernst genommen, ungeliebt und „noch schlechter" fühlen.

Dann kommt der zweite Teil des Beispiels: „Jetzt ‚spulen' wir noch mal zurück: Stellen Sie sich wieder vor: Der Chef ist eklig, es gießt, der Bus fährt weg und das Brot ist alle. Sie kommen wieder die Treppe herauf, klingeln zu Hause und Ihr/e Partner/Partnerin macht die Tür auf. Sie erzählen: ‚Das war vielleicht ein Tag heute! Nur Mist! Das ging schon morgens los und dann den ganzen Tag so weiter. Kannst Du streichen, den Tag!' Darauf antwortet Ihr/e Partner/Partnerin: ‚Komm erst einmal rein. Bist richtig fertig und alle, nicht?' Wie fühlen Sie sich jetzt?" Wieder fällt es den Eltern leicht, zusammenzutragen, dass sie sich angenommen, verstanden und „schon besser" fühlen. „Und das, obwohl an der Sache ja im Nachhinein nichts mehr zu ändern war. Wie kommt es also, dass, obwohl der Tag genauso miserabel war, Sie sich in dem einen Fall unverstanden, nicht ernst genommen, ungeliebt und ‚noch schlechter' fühlen und im anderen Fall angenommen, verstanden und ‚schon besser'?" Hier wird den Eltern deutlich, was das verständnisvolle Zuhören bewirken kann, und dass eine handfeste Lösung nicht immer nötig ist bzw. in diesem Fall ja auch nachträglich gar nicht möglich wäre.

So redet doch keiner

Die Verbalisierung emotionaler Erlebnisinhalte ist zunächst ungewohnt für die Eltern – deshalb üben wir sie ja! Niemand verlangt, dass die Eltern das aus dem Stand so machen. Das verständnisvolle Zuhören erfordert im Gegenteil intensive Übung, die sich im Elterntraining über mehrere Einheiten erstreckt. Außerdem verlangt auch niemand, dass Sie 24 Stunden am Tag so mit den Kindern reden. Aber im Elterntraining und auch in anderen Formen der Elternarbeit wird ja nicht das geübt, was die Eltern sowieso schon machen, das wäre Zeitverschwendung. Es geht ja gerade darum, *neues* Verhalten zu etablieren und einzuüben. Deshalb konzentrieren wir uns ganz auf die Gefühlsebene. Die Sachverhaltsebene kommt im Alltag von selbst dazu, das muss nicht geübt werden.

Die Kinder reagieren auf das verständnisvolle Zuhören ihrer Eltern oft erst einmal überrascht und verwundert: „Bist Du krank?" Letztendlich heißt das aber nur, dass sie einen Unterschied im Verhalten ihrer Eltern gegenüber sonst wahrgenommen haben. Und das ist erst einmal erfreulich! Erfahrungsgemäß gewöhnen sich die Kinder sehr schnell daran, öffnen sich und äußern nach einiger Zeit von sich aus mehr Gefühle. Die Trainer sollten die Eltern also ermutigen, das verständnisvolle Zuhören möglichst oft zu Hause auszuprobieren.

So viel Zeit habe ich nicht

Verständnisvolles Zuhören muss nicht unbedingt lange dauern. Oft ergeben sich tatsächlich längere Gespräche mit dem Kind. Da es sich angenommen fühlt, öffnet es sich und erzählt mehr als früher. Das ist ein durchaus erwünschter Effekt, die Eltern sollen und wollen ja einen besseren Zugang zum Kind haben.

Aber häufig reicht auch ein kurzes Annehmen der Gefühle, manchmal in einem Satz, aus, und es folgt durchaus nicht immer ein längeres Gespräch. Der Satz „Stell Dich nicht so an!" dauert genauso lange wie „Du bist enttäuscht". Eine Frage der Zeit kann es also nicht sein, ob das verständnisvolle Zuhören angewendet wird oder nicht.

Damit ist das Problem aber doch nicht gelöst

Nicht für jede Situation ist eine konkrete Lösung erforderlich. Eltern denken oft, sie müssten aus dem Stegreif für jedes Problem eine Lösung finden. Damit setzen sie sich selbst stark unter Druck, und häufig führt diese Haltung zu „Schnellschuss-Lösungen", die völlig unpassend sind und dem Problem nicht gerecht werden. Die Trainer sollten den Eltern diesen Druck daher nehmen und sie davon entlasten: „Kein Mensch kann für alles sofort eine Lösung finden, und das brauchen Sie auch gar nicht!"

Oft lösen sich negative Gefühle dadurch auf, dass sie wertschätzend angenommen werden. Das Kind kann sie verarbeiten, und mehr ist gar nicht erforderlich. Auch dazu kann man Eltern wieder ein Beispiel geben: „Sie kennen alle die Situation: Ihr Kind kommt aufgebracht zur Tür herein und beschwert sich über einen Spielkameraden: ‚Mit dem spiel' ich nie wieder, der ist so gemein!' Die Mutter steigt darauf ein: ‚Na, das ist ja wohl die Höhe, dich so zu ärgern! Das wollen wir doch mal sehen, ich ruf' gleich mal die Mutter an!' – Und ehe die beiden Mütter zu Ende diskutiert haben, spielen die beiden Kinder schon wieder miteinander."

In anderen Fällen sind durchaus konkrete Lösungen bzw. Handlungsschritte erforderlich. Sinnvolle, passgenaue Lösungen kann man aber erst finden, wenn man das Problem genau kennt. Zwar meinen Eltern oft, das Problem ihres Kindes zu kennen, jedoch trifft dies durchaus nicht immer zu. Deshalb sollte das Problem, und zwar aus der Sicht des Kindes, zunächst mit dem verständnisvollen Zuhören festgestellt werden. Erst dann kann eine passende Lösung, vorzugsweise unter Einbeziehung des Kindes – „Hast Du eine Idee, was Du tun könntest?", „Lass uns mal überlegen, was wir tun könnten" – gefunden werden. Mit dem Problem und der Lösung ist es wie mit Schlüssel und Schloss: Beides muss zusammenpassen! Ein Beispiel, das man Eltern zur Verdeutlichung geben kann (Übertreibung macht anschaulich!): „Stellen Sie sich vor, Ihre 13-jährige Tochter will bis nachts um eins in die Disco. Die Mutter sagt: ‚Das kommt ja gar nicht in Frage, da sterbe ich tausend Tode vor Angst!' Der Vater sagt: ‚Das ist mir viel zu teuer mit dem hohen Eintritt!' und die Tochter sagt: ‚Ich will aber bei den anderen sein, die sind da alle!' Für jeden sieht das Problem ‚13-Jährige will bis nachts um eins in die Disco' also anders aus. Wenn wir jetzt sagen würden: „Kind, nimm Dir ein Taxi!", wäre die Mutter vielleicht beruhigt. Der Vater aber würde sagen: „Spinnt Ihr? Das wird ja noch teurer!" Eine scheinbar gute Lösung muss also nicht für jeden passen, da für jeden etwas anderes wichtig sein kann. Erst durch das verständnisvolle Zuhören wird eine passende Lösung möglich.

Warum soll ich nicht „Warum?" oder nach dem Sachverhalt fragen?
Wenn Eltern ihre Kinder fragen, warum sie etwas getan oder gelassen haben, antworten die Kinder oft: „Weiß nicht". Das ist meist keine Ausrede, sondern die Kinder können das oft wirklich nicht sagen. Gerade deshalb brauchen sie ja die Hilfe der Eltern beim „Sortieren" ihrer Gefühle! Die Frage „Warum?" führt also oft nicht weiter. Das kann man die Eltern in späteren Rollenspielen auch ausprobieren und erfahren lassen.

Zunächst den Sachverhalt abzufragen, liegt nahe, bringt aber meist auch nicht die erwünschte Einsicht in die Beweggründe des Kindes. Diese liegen ja gerade in den *Gefühlen* des Kindes begründet, die der Sachverhalt zwar möglicherweise, wenn auch längst nicht immer, ausgelöst hat, aber eben nicht im Sachverhalt selbst. Bestes Beispiel dafür ist eine unterschiedliche Bewertung derselben Situation durch zwei Menschen: „Stellen Sie sich vor, auf dem Pausenhof rempelt ein Kind zwei andere an. Der eine sagt ‚macht nichts' und bleibt gelassen, der andere fühlt sich angegriffen und wird wütend." Der Sachverhalt ist für beide derselbe, die Bewertung der Situation und die daraus entstehenden Gefühle sind jedoch völlig gegensätzlich. Der reine Bezug auf den Sachverhalt würde daher nicht zu einem besseren Verständnis des jeweiligen Kindes führen.

Verstehen die Kinder das überhaupt?
Die beste Antwort darauf lautet: „Probieren Sie es aus!" Eltern sind immer wieder überrascht, wie Kinder auf das Ansprechen ihrer Gefühle reagieren. Für viele Kinder ist das zunächst ungewohnt und sie reagieren verwundert. Sehr schnell merken die Kinder, dass etwas anders ist als sonst, und reagieren positiv, indem sie sich öffnen.

Die Gefühle des Kindes zu validieren, ist auch noch unter einem anderen Aspekt wichtig: Gefühle sollen dem Kind nicht abgesprochen werden, im Sinne von „Du brauchst keine Angst zu haben!" Was passiert, wenn Eltern dem Kind so etwas sagen? Auch hierfür kann man den Eltern wieder ein Beispiel aus ihrem eigenen Erfahrungsschatz geben: „Hat jemand von Ihnen Angst vor Spinnen?" (Es gibt immer jemanden, ansonsten fragen Sie nach Angst vor etwas anderem). Dann hält ein Trainer dem Elternteil einen „Vortrag" über die Ungefährlichkeit von Spinnen in Deutschland und fragt anschließend, ob derjenige jetzt weniger Angst vor Spinnen hat. Die hat er natürlich nicht, im Gegenteil, er fühlt sich jetzt zusätzlich unverstanden durch den Trainer und denkt sich: „Der hat doch keine Ahnung, wie es mir geht, wenn ich eine Spinne sehe!" Gefühle lassen sich also nicht wegreden, sie sind einfach da und sollten erst einmal so angenommen werden, wie sie sind.

Es ist wichtig, die Bedenken der Eltern ernst zu nehmen und sich intensiv damit auseinander zu setzen, nur dann werden sie sich darauf einlassen. Das Wichtigste ist jedoch das konkrete Ausprobieren und die – für Eltern manchmal überraschenden – Erfahrungen, die sie damit machen! Nach dem Motto: „Versuch macht klug."

Ab dieser Phase bekommen die Eltern im Elterntraining „Hausaufgaben" (im verhaltenstherapeutischen, nicht im schulischen Sinn), d.h. sie sollen Erlerntes zu Hause mit ihren Kindern ausprobieren und üben, damit der Transfer in die Praxis gewährleistet ist. Denn Erkenntnis ist zwar der erste Schritt zur Besserung, aber, wie wir wissen, nicht ausreichend. Auch hier muss die eigene Verantwortlichkeit der Eltern dafür, dass sich etwas verändert und sie von dem Kurs profitieren, wieder betont werden: Wenn sie es nicht versuchen, kann sich nichts verändern. Dabei werden die Eltern intensiv von Trainern und der Gruppe begleitet. In der Einzelfallarbeit sollte natürlich analog vorgegangen werden.

Für die Didaktik gilt in dieser Phase wie auch in allen folgenden Phasen, dass bei allem Neuem an Bekanntes angeknüpft werden sollte. Also niemals: „Jetzt kommt etwas ganz Neues, das Sie bestimmt noch nicht kennen" (… und das Ihnen deshalb Angst machen könnte und vielleicht schwierig ist …), sondern „Jetzt kommt etwas, das Sie schon ein bisschen kennen" oder „etwas, das so ähnlich ist wie das, was wir neulich gemacht haben" oder „das Sie alle aus dem Alltag kennen" usw. Die Schwelle immer möglichst niedrig legen, ist die Devise! Alles möglichst einfach, möglichst vertraut darstellen und dann die Abweichungen, Änderungen, das Neue – fast unmerklich – ergänzen. So werden Ängste vermieden, die durch Neues, Unbekanntes ausgelöst werden können. („Hoffentlich versteh' ich das, hoffentlich kann ich das, schaff' ich das. Wie wird das werden? Wird es gut gehen?"). Dieses Vorgehen wird auch durch neurowissenschaftliche Ergebnisse gestützt: „Jede Art von Verunsicherung, von Angst und Druck erzeugt im Gehirn eine sich ausbreitende Unruhe und Erregung. Unter diesen Bedingungen können die dort über die Sinneskanäle eintreffenden Wahrnehmungsmuster nicht mit den bereits abgespeicherten Erinnerungen abgeglichen werden. Es kann nichts Neues hinzugelernt und im Gehirn verankert werden" (Roth in Caspary 2006, S. 81).

„Das Gehirn will sich anregen lassen und gefordert sein – und das gelingt am besten, wenn man an das anknüpft, was es schon weiß. Das bereits vorhandene Wissen stellt ein Netzwerk, quasi ein neuronales Netzwerk, für Neues dar" (Kraus in Caspary 2006, S. 148).

Die Lernerfahrung sollte immer durch „Advanced organizers" vorstrukturiert werden. Lernen kann wesentlich effektiviert werden, wenn man den Eltern vorher kurz sagt, *was* jeweils gelernt werden soll, worum es in dem jeweiligen Termin geht. Anderenfalls sind sie zunächst damit beschäftigt, genau dies herauszufinden: „Was will sie/er uns jetzt damit sagen? Worauf will er/sie wohl hinaus?" Die Eltern sind dann nicht in der Lage, sich auf das Eigentliche zu konzentrieren, bzw. lassen sich nicht darauf ein, da sie ja innerlich ein anderes Thema haben.

Genauso wichtig ist es, Lernerfahrungen am Ende einer Einheit oder auch zwischendurch, am Ende eines Abschnitts, explizit zu machen. Die Trainer müssen jeweils noch einmal deutlich sagen und zusammenfassen, *was* jeweils gelernt wurde. Dies trägt dazu bei, die Lernerfahrung zu festigen und besser zu erinnern.

Nach Ende der Einführungsphase müssen in der Gruppensituation die Redeanteile der Eltern durch die Trainer reguliert werden, falls nötig auch direktiv, aber niemals maßregelnd oder brüskierend. Wenn in der Anfangsphase genügend Gelegenheit gegeben wurde, von den eigenen Problemen zu erzählen, ist dies in den späteren Phasen auch problemlos möglich und wird von den Eltern nicht übel genommen. Vielmehr ist es jetzt für die Zufriedenheit der Teilnehmer und die Effektivität wichtig, am Thema zu arbeiten, ohne dauernd abzuschweifen.

Zwar werden auch jetzt persönliche Erlebnisse immer mit einbezogen, aber eher als Beispiel für das, was gerade erarbeitet wird. Es ist Aufgabe der Trainer, immer wieder ein Gleichgewicht herzustellen zwischen dem Mitteilungsbedürfnis einzelner Eltern und dem Lernbedürfnis der ganzen Gruppe. Auch in dieser Hinsicht ist das Elterntraining hierarchisch aufgebaut: Es beginnt mit relativ viel Freiraum und locker, dann jedoch steigt die Arbeitsintensität und Verbindlichkeit der Arbeit am Thema. Dies ist zwar anstrengend, führt aber auch zu Ergebnissen. So sind am Ende alle zufriedener, als wenn man sich nur auf einer zwar momentan angenehmeren, aber ineffektiven, unverbindlichen Small-Talk-Ebene bewegt hätte. Dies wiederum erhöht die Motivation zur Teilnahme.

Insgesamt muss ein Gleichgewicht hergestellt werden zwischen drei Elementen:

Infokasten 13: Gleichgewicht zwischen den drei Faktoren in der Elternkursgruppe

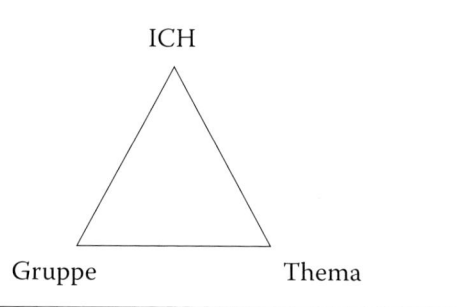

Zu einem gegebenen Zeitpunkt kann einmal das eine, einmal das andere im Vordergrund stehen, aber unter dem Strich sollte ein Gleichgewicht zwischen den drei Faktoren hergestellt werden (Cohn 1975).

Infokasten 14 fasst noch einmal die wesentlichen Aspekte der gesprächstherapeutischen Phase zusammen.

Infokasten 14: Die gesprächstherapeutische Phase

Ziele:
- Ausbildung von Empathie gegenüber dem Kind,
- über die Verbalisierung von Gefühlen Verständnis für das Kind und Zugang zum Kind erlangen,
- Respektieren des Kindes als eigenständige Person,
- eigene Gefühle erkennen und äußern,
- Verbesserung und Intensivierung der Interaktion mit dem Kind,

- Hilfe zur Problemlösung geben,
- Einführung des Rollenspiels als Methode, um sich besser in das Kind hineinversetzen zu können.

Wichtig dabei:
- Positive Verstärkung auch kleinster Fortschritte,
- die Eltern ermutigen, Probleme des Kindes nachzuempfinden,
- als Trainer den Eltern ein Modell für das erwünschte Verhalten geben,
- bei allem Neuen an Bekanntes anknüpfen, um die Angst zu nehmen,
- durch „Advanced organizers" die Lernerfahrung vorstrukturieren,
- Lernerfahrungen immer explizit machen, z. B. am Ende einer Einheit,
- Regulierung der Redeanteile der Gruppenmitglieder, nötigenfalls auch direktiv,
- die eigene Verantwortlichkeit der Eltern dafür betonen, dass sich etwas verändert und dass sie von dem Kurs profitieren.

3.3 Die lerntheoretische Phase

Schelten richtet Zorn an,
aber Ermunterung macht fröhliche Leute.
Friedrich von Bodelschwingh

Da es nicht „das eine richtige Verhalten" in einer bestimmten Situation gibt, sondern immer mehrere Möglichkeiten existieren, ist es für Eltern sinnvoll, verschiedenartige pädagogische und psychologische Ansätze kennen zu lernen. In der lerntheoretischen Phase wird Erziehung unter einem ganz anderen Blickwinkel betrachtet als zuvor. Dabei sind die unterschiedlichen Sichtweisen jedoch nicht alternativ, sondern ergänzen sich vielmehr. Nicht eine Methode allein ist für alle denkbaren Situationen geeignet. Daher werden den Eltern unterschiedliche Möglichkeiten gezeigt und unterschiedliche Mittel an die Hand gegeben. Mit den Lerntheorien wird den Eltern eine weitere Zugangsmöglichkeit zum Kind vermittelt. „Stück für Stück legen wir Handwerkszeug in unseren Werkzeugkasten." Die Eltern sollen dann in einer gegebenen Situation jeweils das anwenden, was ihnen am geeignetsten erscheint und was ihnen selbst am meisten entspricht.

Für Eltern ist es hilfreich, die Grundzüge der Lerngesetze zu kennen. Verhalten wird als erworben und veränderbar dargestellt. Dies bedeutet für die Eltern eine große Hoffnung, da sie ja Möglichkeiten erkennen, auch an ihren Problemen etwas zu verändern.

Ziel ist es dabei, den Eltern ein besseres Verständnis für die Entstehung von Verhalten zu vermitteln. Es werden die Bedingungen, unter denen Verhalten entsteht, aufrecht erhalten oder abgebaut wird, vermittelt, um die Eltern zu befähigen, selber zu erkennen, welche Bedingungen im Einzelfall bei ihren Problemen vorliegen.

Für viele Eltern wird dadurch deutlich, warum ihr Kind sich so und nicht anders verhält bzw. verhalten muss. Es fällt den Eltern „wie Schuppen von den Augen". Gleichzeitig sollen den Eltern mit den Lerntheorien aber auch zusätzliche Handlungsmöglichkeiten eröffnet werden, indem sie lernen, Verhalten durch lerntheoretische Prinzipien gezielt zu beeinflussen. Dazu gehört auch, dass sie verstehen, welche Auswirkungen ihr eigenes Verhalten auf die Kinder hat. Diese Gesetzmäßigkeiten gehören zu den Themen in der Psychologie und Pädagogik, die mit am besten erforscht sind, und sie gelten weltweit, unabhängig von Alter, Geschlecht, Nationalität, Hautfarbe oder Religion.

Um die Eltern nicht zu überfordern bzw. aus Gründen des besseren Verständnisses, beschränkt sich die Einführung in die Lerntheorie auf die einfachsten Grundlagen. So werden z. B. Elemente kognitiver Verhaltenstherapie weggelassen, weil dies gleich viel zu kompliziert für die Eltern werden würde. Ziel ist das Erlernen kontingenten Verstärkens. Konsequent angewendet, können Eltern damit eine Menge erreichen.

3.3.1 Positive Verstärkung

Der Schwerpunkt liegt dabei auf dem positiven Verstärken. Es ist das machtvollste Mittel, das wir in der Erziehung haben, und sollte vorrangig angewendet werden. „Natürliche Konsequenzen" und „Löschung" kommen flankierend hinzu, wenn positive Verstärkung allein nicht ausreicht. Bei der Wirkung von Belohnung handelt es sich nun nicht etwa um Hypothesen oder Meinungen. Vielmehr ist aus den Neurowissenschaften bekannt, dass es ein Belohnungszentrum im Gehirn im Nucleus accumbens gibt (Roth in Caspary 2006, S. 59). Bei „Belohnung" wird Dopamin ausgeschüttet, was der Mensch als angenehm empfindet, so dass er mehr davon haben will. Dies entspricht auf physiologischer Ebene dem Ersten Lerngesetz.

Infokasten 15: Das Erste Lerngesetz

> Wenn ein Verhalten belohnt wird,
> tritt es in Zukunft häufiger oder stärker auf.

„Das *mesolimbische System* (ventrales tegmentales Areal, Nucleus accumbens) ist Ort der Belohnung durch hirneigene Opiate sowie der „Inaussichtstellung" von Belohnung durch die Ausschüttung von Dopamin" (Roth in Caspary 2006, S. 59). „Mit der Aussicht auf eine Belohnung bleibt Gelerntes dauerhafter im Gehirn. Deshalb ist Lob wichtiger als Tadel" (Kraus in Caspary 2006, S. 153).

Folgende Aspekte müssen beim Thema „Belohnung" erarbeitet werden:
- Erstes Lerngesetz: Wenn ein Verhalten belohnt wird, tritt es in Zukunft häufiger oder stärker auf,
- verschiedene Arten von Verstärkern, materiell/sozial,
- nicht alles ist für jeden ein Verstärker,
- möglichst sofort belohnen,
- am Anfang jedes Mal belohnen, später nur ab und zu (intermittierende Verstärkung),
- ungewolltes Verstärken unerwünschten Verhaltens.

Dabei ist es entscheidend, Verhaltensweisen stets zu operationalisieren und Situationen exakt beschreiben oder besser spielen zu lassen. Die Eltern lernen, geeignete eigene situationsspezifische Verhaltensweisen zu entwickeln. Entscheidend ist aber vor allem, dass die Eltern im Elterntraining, aber auch in der Einzelsituation, die Möglichkeit haben, verschiedene Alternativen auszuprobieren und einzuüben.

Um ein neues Verhalten aufzubauen, muss anfangs das erwünschte Verhalten möglichst sofort belohnt werden. Dies kann v. a. durch soziale Verstärker wie Lob, Zuwendung und Aufmerksamkeit geschehen, da diese immer verfügbar sind. Materielle Verstärker und Aktivitäten, die als Verstärker eingesetzt werden, stehen dagegen oft nicht unmittelbar zur Verfügung, sollten aber immer so zeitnah wie möglich eingesetzt werden.

Ist das Verhalten schon einigermaßen gefestigt, so sollte die Verstärkung nur noch unregelmäßig ab und zu erfolgen (intermittierende Verstärkung). So lernt das Kind gleich mit, dass es nicht jedes Mal eine Verstärkung gibt, aber doch immer einmal wieder. Das Verhalten wird so gegen Löschung resistent gemacht und auf Dauer aufrecht erhalten.

Insbesondere auch das ungewollte Verstärken unerwünschten Verhaltens ist den Eltern verständlich, wenn sie erst einmal das Lerngesetz kennen. Es fällt ihnen dann „wie Schuppen von den Augen" und es wird ihnen klar, dass ihr Kind sich auf Grund der Verstärkungsbedingungen (in der Regel Aufmerksamkeit und Zuwendung) geradezu so verhalten *muss*, wie es sich verhält.

Beim Thema Belohnung haben Eltern viele Fragen, auch Bedenken oder Vorbehalte, die bearbeitet werden müssen, damit die Eltern positive Verstärkung dann auch mit Überzeugung einsetzen können.

Fragen und Zweifel, die Eltern in Hinblick auf das Erste Lerngesetz in der Regel haben:
- Die Kinder sollen aber auch einmal etwas von selbst machen!
- Andere machen das ja auch ohne Belohnung.
- Ist das nicht ungerecht, wenn das eine Kind eine Belohnung bekommt und das andere nicht?
- Nachher machen die Kinder nur noch etwas, wenn sie eine Belohnung bekommen.
- Das wird aber auf Dauer ganz schön teuer.
- Mich belohnt auch keiner.

- Ist das nicht Bestechung/Manipulation?
- Wie soll ich das bei sechs Kindern machen? Dazu habe ich ja gar keine Zeit.

... und die Antworten darauf:

Die Kinder sollen aber auch einmal etwas von selbst machen!
„Und – macht er es?" lautet die Gegenfrage, die dann natürlich regelmäßig mit „Nein" beantwortet wird. Man kann sich ja so manches wünschen – aber dadurch wird es noch nicht Realität. Es gibt also zwei Möglichkeiten, wenn das Kind z. B. keine Hausaufgaben macht: Entweder man lamentiert darüber, dass es eigentlich „müsste", oder man verändert das Verhalten wirkungsvoll. Um Reaktanz bei den Eltern zu vermeiden, ist es wichtig, deutlich zu machen, dass die Eltern die Wahl haben: Niemand zwingt sie, Belohnung einzusetzen, aber *wenn* sie ein Verhalten ihres Kindes häufiger oder stärker sehen wollen, ist der kontingente Einsatz von Belohnung der Weg dazu. Wir verweisen noch einmal auf das Erste Lerngesetz: „Wenn ein Verhalten belohnt wird, tritt es in Zukunft häufiger oder stärker auf."

Andere machen das ja auch ohne Belohnung.
Menschen sind nun einmal verschieden. Der eine kann dies, der andere das. Wenn ein Kind ein bestimmtes Verhalten noch nicht gelernt hat, braucht es vielleicht unsere Hilfe. Durch den kontingenten Einsatz von Belohnung können Eltern ihrem Kind helfen, ein bestimmtes, erwünschtes, sozial akzeptiertes Verhalten zu erlernen, das ihm dann das Leben erleichtert und ihm Vorteile bringt, wie z. B. weniger Ärger, Erfolgserlebnisse etc. Darüber hinaus gilt das oben Ausgeführte.

Ist das nicht ungerecht, wenn das eine Kind eine Belohnung bekommt und das andere nicht?
Zunächst einmal gilt das eben Ausgeführte. Darüber hinaus bedeutet *gerecht* durchaus nicht, alle *gleich* zu behandeln! Das veranschaulicht sehr gut die Karikatur von Hans Traxler (s. Seite 86 oben).

Jedes Kind braucht unterschiedliche Hilfe bei unterschiedlichem Verhalten. Was für das eine Kind kinderleicht ist, ist für das andere Kind sehr schwer. Das eine Kind soll lernen, seine Hausaufgaben zu machen,

Die einzelnen Phasen des Elterntrainings

Hans Traxler

das andere soll vielleicht lernen, seinen Bruder nicht zu schlagen, und das nächste Kind soll lernen, seine Zähne zu putzen. Entsprechend muss jedes Kind für unterschiedliches Verhalten belohnt werden, noch dazu mit unterschiedlichen Belohnungen, je nachdem, was das betreffende Kind als Belohnung empfindet (also nicht Lakritz für ein Kind, das nur Schokolade mag, und nicht die Fahrt mit dem Riesenrad für ein Kind mit Höhenangst). So kann erwünschtes Verhalten gezielt aufgebaut werden. Die Gerechtigkeit besteht darin, jedem Kind Hilfe nach seinen Bedürfnissen zukommen zu lassen!

Nachher machen die Kinder nur noch etwas, wenn sie eine Belohnung bekommen.
Eine Belohnung baut zunächst neues Verhalten auf und festigt es. Gleichzeitig macht das Kind mit seinem neuen Verhalten aber auch Er-

fahrungen, die zusätzlich als Belohnung wirken und das Verhalten langfristig aufrechterhalten, so dass die ursprüngliche Belohnung schließlich ausgeblendet werden kann. Wichtig bleibt allerdings, dass das Kind wenigstens ab und zu (intermittierend) gelobt wird.

Das folgende Beispiel zeigt, wie die in der Situation liegenden Aspekte schließlich als positive Verstärker das Verhalten auf Dauer aufrecht erhalten: Ein Kind, das bisher keine Hausaufgaben gemacht hat, wird nun positiv verstärkt für das Hausaufgabenmachen. Was passiert, außer dass es seine abgesprochene Belohnung erhält? Es macht die Erfahrung, dass es keinen Ärger mehr mit Eltern und/oder Lehrern bekommt, sondern sogar Lob erhält. Es hat vielleicht keine Angst mehr, in die Schule zu gehen und erwischt zu werden. Der Unterricht macht mehr Spaß, weil es plötzlich weiß, worum es geht. Es wird besser in der Schule.

Das wird aber auf Dauer ganz schön teuer.
Zunächst gilt das oben Ausgeführte: Die Belohnung muss nicht auf Dauer gegeben werden. Darüber hinaus muss die Belohnung ja nicht materiell sein. Es können soziale Verstärker eingesetzt werden, die nicht unbedingt etwas kosten, wie Lob und Anerkennung, gemeinsame Unternehmungen (z. B. auf den Spielplatz gehen, eine Geschichte vorlesen) oder auch Vergünstigungen, die das Kind erhält, z. B. länger aufbleiben dürfen etc.

Mich belohnt auch keiner.
Die Antwort darauf lautet: „Und wie geht es Ihnen damit?" „Schlecht", sagen die Eltern gewöhnlich, und daran können wir anknüpfen: „Was würden Sie sich wünschen?" „Dass ich auch mal gelobt werde." „Aha – genauso geht es Ihrem Kind." Wir stellen also den persönlichen Bezug des Elternteils zum Thema her und nutzen die eigene Befindlichkeit und Erfahrung der Eltern, damit sie sich besser in ihr Kind einfühlen können.

Ist das nicht Bestechung/Manipulation?
Nein, ist es nicht. Vielmehr helfen die Eltern ihrem Kind, ein sozial akzeptiertes, erwünschtes Verhalten zu lernen. Damit wird das Verhaltensrepertoire des Kindes erweitert, und erst, wenn es ein Verhalten beherrscht, hat es überhaupt die Möglichkeit zu entscheiden, ob es die-

ses Verhalten auch zeigen möchte. Vorher hat es gar keine Wahl, weil es das erwünschte Verhalten eben nicht beherrscht.

Hinzu kommen noch die o. g. begleitenden angenehmen, positiven Erfahrungen, die das Kind mit seinem Verhalten macht. Eltern tun ihrem Kind also etwas Gutes, wenn sie ihm erwünschtes Verhalten beibringen.

Wie soll ich das bei sechs Kindern machen? Dazu habe ich ja gar keine Zeit.
Der Ärger und die Auseinandersetzungen über unerwünschtes Verhalten kosten auch viel Zeit und zusätzlich Nerven! Und zwar, ohne dass Aussicht auf Besserung besteht – im Gegenteil, das Verhalten wird immer schlimmer. Wird ein erwünschtes Verhalten dagegen belohnt, so wird es mit der Zeit immer stärker und der Ärger nimmt ab. Da lohnt es sich durchaus, ein wenig Zeit zu investieren. Aber wie schon weiter oben gesagt: Niemand zwingt die Eltern, Belohnung einzusetzen. Wenn Eltern sagen: „So wichtig ist mir das nun auch wieder nicht", dann können sie ja alles so lassen, wie es ist. Wenn sie aber etwas ändern wollen, so kennen sie jetzt den Weg dazu.

Eltern von Kindern mit ADHS kann man noch den Hinweis geben, dass das Thema Lerntheorien für sie besonders wichtig ist, da Kinder mit ADHS noch stärker als andere auf positive Verstärkung reagieren. Diese Eltern lernen in dieser Phase des Rendsburger Elterntrainings Verhalten, das gerade auch im Umgang mit Kindern mit ADHS sehr wesentlich und unterstützend ist.

Manchmal äußern Eltern oder andere Erwachsene, sie „halten nichts von Belohnung". Dabei wird übersehen, dass es sich bei der Wirkung von Belohnung nicht um Vermutungen oder Meinungen handelt. Vielmehr ist, wie bereits in Kapitel 3.3.1 geschildert, aus den Neurowissenschaften bekannt, dass es ein Belohnungszentrum im Gehirn gibt. Dort wird bei „Belohnung" Dopamin ausgeschüttet, was der Mensch als angenehm empfindet, so dass er mehr davon haben will. Dies entspricht auf physiologischer Ebene dem Ersten Lerngesetz „Wenn ein Verhalten belohnt wird, tritt es in Zukunft häufiger oder stärker auf." Es wäre also ignorant, die Wirkung von Belohnung zu bestreiten, und es wäre dumm, sie nicht zu nutzen.

3.3.1.1 Shaping

Ein Spezialfall von Belohnung ist Shaping, also das Ausformen von Verhalten, das den Eltern ebenfalls vorgestellt werden sollte. Es wird deutlich gemacht, dass Verhalten nicht erst belohnt wird, wenn es perfekt gezeigt wird. Vielmehr wird bereits jeder kleinste Schritt in die richtige Richtung positiv verstärkt. Dadurch wird das erwünschte Verhalten sukzessive aufgebaut.

Voraussetzung dafür ist, dass der kleinste Schritt in die richtige Richtung auch *erkannt* wird. Der Fokus wird also auf das erwünschte Verhalten gelegt, während das, was noch nicht so gut funktioniert, „gelöscht" wird. Beides muss wiederum eingeübt werden.

3.3.1.2 Token-Systeme

Gelegentlich sprechen Eltern den Einsatz von Token-Systemen an. Token-Systeme (Münzverstärkungssysteme, „Smiley-Systeme") sind eine sehr wirksame Methode, die aber schon eher therapeutischen Charakter hat. Sie sollten nur eingesetzt werden, wenn kontingentes Verstärken allein aus irgendeinem Grund nicht ausreicht. Token-Systeme sind eine komplexe Methode, die fachgerecht, in der Regel unter Anleitung eines Psychotherapeuten, eingesetzt werden muss. Normalerweise wären Eltern damit überfordert, dies eigenständig durchzuführen. Es gibt eine Menge Fehlerquellen, die zum Scheitern führen würden. Sollte dann einmal ein Token-System im therapeutischen Kontext eingesetzt werden müssen, würden die Eltern sagen: „Das haben wir schon probiert, das funktioniert nicht", und die Methode wäre damit entwertet. Anders läge der Fall, wenn Eltern das System aus der Kinder- und Jugendpsychiatrie kennen und es nach einem Klinikaufenthalt ihres Kindes fortführen. Dann wurde es ja angemessen implementiert, erklärt und begleitet.

Infokasten 16: Token-Systeme

Anwendungsbereiche
Wo?
- Schule
- Zu Hause
- Gruppe (z. B. Tagesgruppe)

Wann?
- Verhaltensauffälligkeiten, deren Verstärkungsbedingungen durch eine Betreuungsperson kontrollierbar sind
- bei exzessivem Verhalten
- bei defizitärem Verhalten

Vorgehen
1. Zielverhaltensweisen festlegen.
   Kriterien:
   - Welches Verhalten soll geändert werden?
   - Welches Verhalten ist z. Zt. am belastendsten?
   - Welches Verhalten ist am einfachsten zu ändern?

   → Anzahl der Zielverhaltensweisen begrenzen, nicht mehr als drei.
2. Zielverhaltensweisen operationalisieren.
   - D. h. *genau, mittels beobachtbarer Verhaltensweisen* beschreiben, welches Verhalten das Kind zeigen oder unterlassen soll.
3. Zeitraum definieren, für den es jeweils einen Verstärker gibt.
   Kriterium:
   - Über welchen Zeitraum kann sich das Kind z. Zt. angemessen verhalten?

   → Dieser Wert soll zunächst als Zeitraum zu Grunde gelegt werden.
4. Anzahl der Tokens, Punkte usw. festlegen, die pro Zeitraum und pro Zielverhaltensweise vergeben werden.
   Kriterium:
   - Sind alle Verhaltensweisen gleich schwierig für das Kind oder müssen sie gewichtet werden?

5. Verstärker festlegen
   Kriterien:
   - Was ist für das jeweilige Kind ein Verstärker? (ggf. mit dem Kind besprechen)
   - Was ist angemessen hinsichtlich Größe und Wert?
   - Was ist praktikabel?
6. Festlegen, wann die Tokens gegen den Verstärker eingetauscht werden.
   - Stündlich?
   - Täglich?
   - Wöchentlich?

   Kriterien:
   - Wie kurzfristig muss das Kind verstärkt werden, damit es noch einen Zusammenhang zwischen Verhalten und Verstärker herstellt?
   - Alter, Intelligenz, Ausmaß der Auffälligkeit, Attraktivität des Verstärkers (je größer, desto seltener).
7. Festlegen, wie viele Tokens mindestens erforderlich sind, um einen Verstärker zu erhalten.
   Kriterien:
   - Wie viele Tokens kann das Kind höchstens in dem definierten Zeitraum erreichen?
   - Wie viele Tokens wird das Kind z. Zt. bei mittlerer Anstrengung voraussichtlich mindestens erreichen? Gewählt werden sollte ein Wert, der leicht über dem zweiten Kriterium liegt.
8. Die Verstärkungsbedingungen und den Beginn der Maßnahme genau mit dem Kind und allen Beteiligten besprechen
   → Sicherstellen, dass die Bedingungen verstanden wurden! Ggf. von Zeit zu Zeit wiederholen.
9. Tokens und Verstärker bereithalten.
10. Kontingent (zeitnah) und *zuverlässig* entsprechend der festgelegten Bedingungen verstärken.
11. Materiellen Verstärker (Token, Punkte etc.) immer mit sozialem Verstärker (Lob) kombinieren!

> 12. Beim Eintauschen der Tokens in den Verstärker zusätzlich nochmals loben.
> 13. Bedingungen ständig überprüfen und anpassen (Punkte 1 bis 7).
>
> Token-System nach einiger Zeit wieder *ausblenden*, niemals abrupt beenden!
>
> Übergang zur reinen sozialen Verstärkung.

3.3.2 Bestrafung und natürliche Konsequenzen

Beim Thema „Bestrafung" müssen im Wesentlichen folgende Aspekte erarbeitet werden:

Infokasten 17: Das Zweite Lerngesetz

> Wenn ein Verhalten bestraft wird,
> verschwindet es vorübergehend,
> so lange die Strafe droht.

- der Unterschied zwischen „Strafen" im herkömmlichen Sinn und „natürlichen Folgen",
- der Vorteil der natürlichen Konsequenzen,
- die Wirkungslosigkeit der klassischen Strafen.

Es soll herausgearbeitet werden, dass Strafen im herkömmlichen Sinne, wie Stubenarrest, Taschengeldentzug und Fernsehverbot, unerwünschtes Verhalten nur kurzfristig unterdrücken, und zwar nur, solange die Strafe droht.

Die Strafe selbst steht in keinem Zusammenhang zum unangemessenen Verhalten des Kindes, deshalb kann es aus der Strafe nichts lernen. Günstiger wäre daher eine natürliche (oder man könnte auch sagen „logische") Konsequenz (für die Eltern: „natürliche Folge"), die von den Eltern gesetzt wird: Das Kind muss den Schaden, den es angerichtet hat, wiedergutmachen. Also das Spielzeug reparieren oder, falls das nicht möglich ist, ein Neues kaufen von seinem Taschengeld oder das Geschwisterkind darf sich ein Spielzeug des anderen Kindes aussuchen. So erlebt das Kind die Folgen seines Verhaltens und hat die Chance, daraus zu lernen und sich beim nächsten Mal anders zu verhalten.

Dabei verstehen wir unter „natürlichen Konsequenzen" auch die Konsequenzen, die von den Eltern gesetzt werden und einen Zusammenhang zum Verhalten des Kindes haben, so dass das Kind die Auswirkungen seines Verhaltens erlebt.

Natürliche Konsequenzen sind aber niemals das Mittel der *ersten* Wahl. Mittel der ersten Wahl ist immer die positive Verstärkung. Nur wenn diese aus irgendeinem Grund nicht ausreicht, kommen die natürlichen Konsequenzen flankierend hinzu!

Zunächst muss sichergestellt sein, dass das Kind
1. weiß, was es tun oder lassen soll (es muss ihm also explizit gesagt und erklärt werden, hellsehen funktioniert hier nicht!), und
2. vom Alter und Entwicklungsstand her in der Lage ist, das zu tun, was von ihm erwartet wird.

Wenn das Kind dann trotz Erklärung und Ich-Botschaften zum wiederholten Mal ein unerwünschtes Verhalten zeigt, können Eltern mit natürlichen Konsequenzen reagieren.

Dabei ist es wichtig, dem Kind diese in einem „neutralen Nachrichtensprecherton" mitzuteilen, also ohne Häme, Schadenfreude, Gereiztheit oder Aggressivität. „Du hast ... gemacht, jetzt musst Du ..." Das ist wichtig, damit das Kind erkennt, „das ist jetzt Folge meines Verhaltens", die Eltern haben damit gewissermaßen gar nichts zu tun. Es soll auf keinen Fall den Eindruck bekommen, „Meine Mutter will mich ärgern" oder „Mein Vater gönnt mir das nicht". Auch sollen die Eltern nicht nachtragend sein, sondern beim nächsten Mal – „neues Spiel, neues Glück" – bekommt das Kind wieder eine Chance, sich angemessen zu verhalten. Dieser neutrale Ton muss eingeübt werden.

Den Eltern muss auch deutlich gemacht werden, dass natürliche Konsequenzen *ein* weiteres Handwerkszeug sind, aber eben nicht das einzige und nicht das hauptsächliche. Gelegentlich neigen Eltern dazu, in ihrer Begeisterung über das Ziel hinauszuschießen und nur noch natürliche Konsequenzen zu setzen. Das würde das Zusammenleben unerträglich machen und eine sehr negative Atmosphäre zwischen Eltern und Kindern schaffen. Jede natürliche Konsequenz sollte wohlüberlegt sein: Kann und will ich sie durchhalten/durchsetzen?

Wie wichtig ist mir das betreffende Verhalten? Ist ein Verbot oder eine Anweisung wirklich nötig? Der Alltag sollte nicht hauptsächlich aus Verboten bestehen.

> *Wenn Du die Kinder ermahnst, so meinst Du,*
> *Dein Amt sei erfüllet?*
> *Weißt Du, was sie dadurch lernen? –*
> *Ermahnen, mein Freund.*
> Heinrich von Kleist

Beim Thema Strafen kann auch das Thema Schlagen, Ohrfeigen etc. angesprochen werden. Die Trainer sollten hier sehr eindeutig sein und Stellung beziehen, damit kein Elternteil die Möglichkeit hat, sich zu rechtfertigen im Sinne von „Frau … hat auch gesagt, das kann schon mal passieren." Es sollte klar geäußert werden, dass Schlagen niemals und unter keinen Umständen pädagogisch sinnvoll, sondern immer ein Ausdruck von Hilflosigkeit ist. In der Zusammenarbeit mit den Fachkräften lernen die Eltern aber ja gerade mehr Möglichkeiten kennen, mit den Kindern so umzugehen, dass sie nicht mehr schlagen „müssen".

Gelegentlich werden Konsequenzen von den Eltern vorgeschlagen, die ethisch nicht vertretbar sind, wie z. B. „das Kind bekommt nichts mehr zu essen", wenn es zu spät nach Hause kommt. Essen und Trinken sind existentielle menschliche Grundbedürfnisse, die sichergestellt sein müssen. Daher kommt der Entzug als Konsequenz nicht in Frage. Allerdings kann es passieren, dass die leckeren Sachen schon aufgegessen sind oder das Essen kalt ist, wenn das Kind zu spät nach Hause kommt. Es bekommt dann vielleicht nur noch ein Brot mit Butter und Mineralwasser. Günstiger, weil der Zusammenhang direkter ist, wäre jedoch die Konsequenz „Was Du heute zu spät gekommen bist, musst Du morgen früher kommen". Damit hat es das Kind selbst in der Hand, wie lange es (in dem von den Eltern gesetzten Rahmen) raus darf. Falls das Kind die Grenze wieder übertritt und sich nicht an die Konsequenz hält, läuft die Uhr weiter zurück und irgendwann müsste das Kind dann ganz drin bleiben. Ist es dagegen pünktlich, darf es am nächsten Tag wieder länger draußen bleiben. Es bekommt also wieder eine neue Chance, sich angemessen zu verhalten, und muss dann auch dafür gelobt werden, wenn es ihm gelingt.

Ähnliches wie eben ausgeführt gilt auch für das Beispiel „Jacke in der Schule vergessen": Die natürliche Konsequenz darf hier nicht heißen „Dann gehst Du morgen ohne Jacke". Dies würde die Gesundheit des Kindes gefährden und ist deshalb ethisch nicht vertretbar – die Spieljacke mit den zu kurzen Ärmeln anzuziehen dagegen schon.

Wenn allerdings z. B. ein Kind mit ADHS ständig seinen Schal verliert, sieht es wieder anders aus: Das Kind ist wegen seiner Störung nicht in der Lage, auf seinen Schal zu achten. Da ist es sinnvoller und hilfreicher, den Schal am Aufhänger der Jacke festzunähen, also die äußeren Umstände zu verändern, anstatt sich immer wieder zu ärgern und dem Kind ständig das Gefühl zu geben, versagt zu haben.

Die Konsequenz muss also an die Fähigkeiten und den Entwicklungsstand des Kindes angepasst sein.

3.3.2.1 Response Cost

Eine spezielle Variante von Bestrafung ist das Entziehen eines Verstärkers, wenn das Kind sich unangemessen verhält. Diese Methode nennt man „Response Cost". Sie ist zwar wissenschaftlich abgesichert, jedoch ist der Nachteil der Methode, dass der Focus dabei auf das Negative gelegt wird, auf das unerwünschte Verhalten. Deshalb sollte dieser Ansatz nur verwendet werden, wenn die anderen Möglichkeiten zum Verhaltensaufbau nicht ausgereicht haben. Effektiver ist es dagegen, den Schwerpunkt auf das zu legen, was schon gut funktioniert, und dieses positiv zu verstärken, also durch Shaping das positive Verhalten weiterzuentwickeln (s. Kap. 3.3.1.1).

3.3.2.2 Time out

Im Zusammenhang mit dem Thema Bestrafung kann es vorkommen, dass die Eltern nach der „Time-out-Methode" fragen. Wenn sie danach fragen, müssen die Fachkräfte dazu Stellung beziehen, ansonsten braucht das Thema von ihnen nicht angesprochen zu werden.

„Time out" bedeutet, dass das Kind für kurze Zeit ohne großen Aufwand in einen reizarmen Raum gebracht wird, wenn es unerwünschtes

Verhalten zeigt. Verstärker (jegliche Aufmerksamkeit) werden ihm also so weit wie möglich entzogen. Dabei muss gesichert sein, dass das Kind auch nichts zerstören kann, falls es zunächst einen Wutanfall wegen der Maßnahme bekommt. Die Auszeit dauert nur eine kurze, begrenzte Zeit (ca. drei Minuten). Danach darf das Kind zurück in die andere Situation und bekommt eine neue Chance, angemessenes Verhalten zu zeigen. Sobald es wieder unangemessenes Verhalten zeigt, erfolgt dieselbe Prozedur erneut.

„Time out" ist eine wissenschaftlich abgesicherte Methode. Sie lässt sich im klinischen oder anderen institutionellen Kontext auch gut einsetzen, wenn man einen entsprechenden Raum zur Verfügung hat. Im familiären Kontext jedoch wirft die Methode mehr Probleme auf, als sie löst: In der Regel gibt es keinen Raum, der die Kriterien wirklich erfüllt. Selbst im Bad kann das Kind einiges zerstören, wenn es wütend ist. Die Energie, die benötigt wird, um diese Methode in der Familie zu installieren, kann man sinnvoller in positive Verstärkung für erwünschtes Verhalten investieren. Außerdem besteht die Gefahr, dass das Augenmerk zu sehr auf das negative Verhalten gelenkt wird, anstatt die positiven Ansätze zu betonen. Die Atmosphäre in der Familie kann dadurch zusätzlich belastet werden. Aus diesen Gründen wird den Eltern „Time out" im Rendsburger Elterntraining nicht als Methode empfohlen.

3.3.3 Löschung

Das Thema Löschung ist sehr komplex und anspruchsvoll. Die einzelnen Aspekte müssen eingehend erarbeitet werden, und das Ganze muss danach natürlich intensiv eingeübt werden.

Folgende Aspekte müssen mit den Eltern erarbeitet werden:

Infokasten 18: Das Dritte Lerngesetz

> Wenn ein Verhalten nicht (mehr) belohnt wird,
> wird es seltener und verschwindet schließlich ganz.

- Striktes Nichtbeachten
- Verhalten wird zunächst schlimmer

- → Wichtig: weiter nicht beachten! Sonst Wirkung wie intermittierende Verstärkung
  - → Stabilisierung des Verhaltens
- Kann ich es durchhalten?
  - → Wie exzessiv ist das Verhalten des Kindes?
  - → Eigenes Nervenkostüm
- Sind andere Leute in der Nähe?
  - → Sich absprechen
  - → sonst nicht Löschung versuchen
- Ggf. Veränderung der äußeren Bedingungen als erste Maßnahme
- Nur exzessives Verhalten kann gelöscht werden, nicht defizitäres
- Positives Ersatzverhalten aufbauen!
- Löschung fällt leichter, wenn man sich mit Tätigkeiten ablenkt
- Auch erwünschtes Verhalten kann (unabsichtlich) gelöscht werden.

Löschen bedeutet komplettes Ignorieren des unerwünschten Verhaltens: Kein Blick, kein Zucken, kein „Hör doch mal auf damit", in welcher Form auch immer. Das Kind muss den Eindruck bekommen, dass die Eltern sein Verhalten überhaupt nicht wahrnehmen. Dies fällt Eltern sehr viel leichter, wenn sie sich selbst mit etwas beschäftigen. Die Art der Tätigkeit ist dabei völlig egal, wichtig ist nur der Eindruck, der beim Kind ankommt. Sind Eltern zu zweit, können sie sich gegenseitig beim Durchhalten unterstützen.

Es ist ganz besonders wichtig, die Eltern darauf vorzubereiten, dass beim Einsatz von Löschung das unerwünschte Verhalten *zunächst zunimmt*, bevor es dann abnimmt und ganz verschwindet! Die Eltern müssen dies unbedingt wissen, damit sie das Nichtbeachten dann trotzdem durchhalten und nicht etwa in der falschen Annahme, „das funktioniert nicht", aufgeben! Dieses „Extinction burst" genannte Phänomen kann man den Eltern verständlich machen, wenn man verdeutlicht, dass es sich bei dem zu löschenden Verhalten ja um ein bisher erfolgreiches, positiv verstärktes Verhalten handelt. Erfolgt nun nicht die gewohnte positive Verstärkung, liegt die implizite Hypothese nahe, dass das Verhalten zu schwach war, um die gewohnte Reaktion auszulösen, und folglich gesteigert werden muss. Auch wenn dies natürlich keine bewussten Überlegungen des Kindes sind, folgt es doch dieser Logik. Würden die Eltern in dem Fall doch wieder auf das Verhalten wie bisher reagieren, hätten wir einen klassischen Fall von intermittierender Verstärkung. Damit wäre das unerwünschte Verhalten besonders stabil gegen Löschung und auf einem höheren Niveau gefestigt worden. Es wäre das Gegenteil erreicht worden von dem, was ursprünglich intendiert war.

Um diese kontraproduktive intermittierende Verstärkung zu vermeiden, ist es deshalb wichtig, vorher zu überlegen und abzuklären, ob es Faktoren gibt, die das Durchhalten der Löschung behindern oder unmöglich machen.

Dazu gehört die Frage, wie weit das Kind gehen wird, wie exzessiv das Verhalten werden wird. Solange es nur störend ist, kann auch sehr auffälliges Verhalten ignoriert werden. Das muss intensiv eingeübt werden. Gefährdet das Kind jedoch z. B. bei einem Wutanfall sich, andere oder größere materielle Werte, zwingt es die Eltern, irgendwann doch zu reagieren. In diesem Fall sollte Löschung gar nicht erst versucht werden, sondern es sollten andere Mittel (positive Verstärkung, Grenzen setzen) eingesetzt werden.

Das gilt auch, wenn die Eltern gesundheitlich oder psychisch beeinträchtigt sind, z. B. durch einen Migräneanfall, und es deshalb voraussichtlich nicht schaffen, das zunächst ansteigende Verhalten des Kindes nicht zu beachten. Auch in diesem Fall sollte nicht gerade an dem Tag mit Löschung begonnen werden.

Schließlich müssen die Rahmenbedingungen noch daraufhin überprüft werden, ob andere Personen zugegen sind, mit denen Löschung nicht abgesprochen wurde. Dann besteht u. U. die Gefahr, dass das Kind von dieser Seite positive Verstärkung, z. B. in Form von Aufmerksamkeit und Beachtung, bekommt, die das unerwünschte Verhalten dann aufrecht erhält trotz bester Bemühungen der Eltern. Die Mühe der Eltern verpufft dann wirkungslos und entmutigt diese im schlimmsten Fall noch. Hier gilt: Das Löschen muss mit den anwesenden Personen abgesprochen und von diesen unterstützt werden. Das ist oft möglich, da sich ja auch andere Personen, z. B. Geschwister oder Großeltern, durch das unerwünschte Verhalten des Kindes gestört fühlen. Ist dies nicht möglich, sollte jedoch auch in diesem Fall gar nicht erst mit Löschung gearbeitet werden.

Die einfachste und nervenschonendste Möglichkeit, um Verhalten zu verändern, liegt oft in der Veränderung der äußeren Bedingungen. Dieser Aspekt sollte daher immer zuerst geprüft werden. So ist es z. B. einfacher, sicherer und intelligenter, Steckdosensicherungen zu benutzen, wenn ein Kleinkind im Haus ist, als immer wieder zu sagen „Du sollst da nicht dran gehen".

Löschung ist eine sehr effektive Methode, aber sie funktioniert nur bei exzessivem Verhalten, nicht bei defizitärem! Nur wenn etwas „zu viel" ist, kann man es löschen. Wenn also das Kind z. B. keine Hausaufgaben macht und Eltern auf die Idee kämen, „das beachte ich gar nicht", würde gar nichts passieren.

Wenn ein unerwünschtes Verhalten von den Eltern nicht mehr beachtet wird, geht dem Kind Aufmerksamkeit verloren. Zuwendung, Beachtung, Aufmerksamkeit sind aber Grundbedürfnisse der Menschen und so auch der Kinder. Daher soll dem Kind nicht etwa grundsätzlich Aufmerksamkeit entzogen werden. Vielmehr soll es die Beachtung nur nicht mehr für das unerwünschte Verhalten bekommen, sondern für ein erwünschtes Ersatzverhalten. Es geht also nicht nur um die Frage „Welches Verhalten soll verschwinden?", sondern immer auch um die Frage „Was soll das Kind stattdessen tun?" Für dieses positive Ersatzverhalten muss das Kind sofort positiv verstärkt werden. Der Aufbau eines positiven Ersatzverhaltens beschleunigt die Löschung des unerwünschten Verhaltens. Würde man darauf verzichten, so wäre die Wahrscheinlichkeit hoch, dass das Kind sich selbst eine neue Verstärkungsquelle sucht, und dies wäre mit einiger Wahrscheinlichkeit wieder ein unerwünschtes Verhalten.

Schließlich muss noch auf Folgendes hingewiesen werden: Löschung ist sehr effektiv – sie funktioniert aber nicht nur bei unerwünschtem Verhalten, sondern (unabsichtlich) auch bei erwünschtem! Wenn das Kind also etwas Positives macht, z. B. den Müll runterbringt, dann sollte es wenigstens ab und zu dafür gelobt werden, sonst wird es irgendwann aufhören, dies zu tun!

Gelegentlich wollen Eltern Löschung bei Säuglingen anwenden, indem sie auf das Schreien nicht reagieren. Hier muss ganz klar gemacht werden, dass dies nicht akzeptabel ist. Das Nicht-Beachten würde zwar wirken und das Kind würde aufhören zu schreien. Aber was gelöscht worden wäre, wäre das Kommunizieren. Der Säugling ist allein nicht überlebensfähig und noch völlig angewiesen auf die Versorgung durch die Eltern. Er hat noch keine andere Möglichkeit, als durch Schreien deutlich zu machen, dass ihm etwas fehlt. Er muss erleben, dass seine Signale zuverlässig beantwortet und seine Bedürfnisse befriedigt werden, um eine sichere Bindung zu entwickeln. Das hat absolut nichts mit Verwöhnen zu tun. Eltern müssen nicht in Hektik oder Panik verfallen, wenn das Kind schreit, aber sie sollten versuchen, den Grund herauszufinden und ihn nach Möglichkeit abzustellen. Auch wenn das Kind „nur" Nähe sucht, ist dies ein vitales Bedürfnis! Die Empathie für das Baby sollte in diesen Fällen gefördert werden. Insbesondere das Tragen des Kindes und der damit verbundene Körperkontakt und die vestibuläre Stimulation (s. dazu Kapitel 1.5.2) beruhigen das Baby. Ggf. kann ein Feinfühligkeits- bzw. Interaktionstraining angeregt werden (s. dazu Brisch 2010). Wie man Eltern dieses Thema erklären kann, zeigt der folgende Infokasten:

Die Sprache des Babys

Wenn Ihr Kind geboren wird, ist es als Säugling zunächst ganz und gar hilflos. Das Baby ist vollkommen von seinen Eltern abhängig und von deren Versorgung und Zuwendung.

Da das Baby noch nicht „allein zum Kühlschrank gehen kann", muss es sich bemerkbar machen, wenn es Hunger hat oder wenn sonst irgendetwas nicht stimmt. Da es noch nicht sprechen kann, ist das Weinen die einzige Möglichkeit, um deutlich zu machen, dass es Hilfe benötigt.

Wenn ein Baby schreit, braucht es also Hilfe. Sie sollten dann überprüfen, ob das Baby Hunger hat, eine frische Windel braucht oder einfach nur ihre liebevolle Zuwendung und Aufmerksamkeit.

Sprechen Sie liebevoll und ruhig mit ihrem Baby. Auch wenn das Kind den genauen Sinn Ihrer Worte noch nicht erfassen kann, so merkt es doch, dass Sie es verstehen, und es fühlt sich sicher in dieser noch fremden Welt.

Wenn Sie es dagegen längere Zeit schreien lassen, bekommt es Angst, weil es sich noch nicht selbst helfen kann. Sie brauchen keine Angst zu haben, dass Sie einen Säugling verwöhnen könnten. Bis zum Ende des ersten Lebensjahres braucht das Kind ihre unmittelbare Reaktion auf sein Weinen. Wenn Sie auf sein Weinen nicht reagieren würden, würde es zwar nach einiger Zeit aufhören zu schreien. Damit würden Sie ihm aber abgewöhnen, sich und seine Bedürfnisse überhaupt mitzuteilen! Wenn Ihr Kind sich meldet, warten Sie zunächst eine kurze Zeit ab, ob es sich von alleine wieder beruhigt. Wenn Sie jedoch bemerken, dass es sich nicht wieder von selbst beruhigt, sollten Sie zu Ihrem Kind gehen und sich liebevoll um es kümmern. Achten Sie auch auf andere Signale ihres Kindes, mit denen es Ihnen seine Bedürfnisse und Befindlichkeit mitteilt, wie Strampeln, Lächeln, den Kopf wegdrehen, das Gesicht verziehen!

3.3.4 Lernen am Modell

Deine Kinder sind nicht Deine Kinder,
sondern die Sehnsucht des Lebens nach sich selbst.
Khalil Gibran

Eine weitere Möglichkeit, wie Verhalten gelernt wird, ist das Lernen am Modell, das den Eltern ebenfalls präsentiert werden sollte. Lernen durch Nachahmung ist den Eltern meist aus der Alltagserfahrung vertraut und von daher gut zugänglich. Sie können meist Verhaltensweisen, z. B. bestimmte Gesten, benennen, die ihr Kind sich von ihnen abgeschaut hat. Auch dass Eltern als Modell für Rauchen oder Nicht-Rauchen fungieren, ist ihnen bewusst. Weniger klar ist ihnen in der Regel, dass sich Nachahmung auch auf komplexes Verhalten, wie z. B. Umgang mit Problemen und Konflikten, erstreckt. „Was die Eltern machen, kann ja nicht falsch sein", denkt das Kind und ahmt das Verhalten in bester Absicht nach. Dessen sollten sich Eltern stets bewusst sein und sich dementsprechend so verhalten, wie sie es sich auch von den Kindern wünschen.

Beim Modelllernen werden die Spiegelneuronen aktiviert und gebraucht. Sie ermöglichen diese Art des Lernens erst, indem bei dem Beobachter dieselben Hirnareale erregt werden, wie wenn er selbst die Handlung ausführen würde. „Wir können deshalb Aufgaben umso besser ausführen, je häufiger wir zunächst beobachten können, wie sie ausgeführt werden" (Bauer in Caspary 2006, S. 48). Eine im Grunde sehr ökonomische Art des Lernens!

3.3.5 Grenzen setzen und konsequent sein

Das Thema „Grenzen setzen" und „konsequent sein" ist für die meisten Eltern von großer Bedeutung. Während es in den 1970er-Jahren vor allem darum ging, den Eltern beizubringen, nicht so autoritär zu sein, steht heute häufig das Problem des Laissez-faire im Vordergrund. Viele Eltern haben Schwierigkeiten, sich gegenüber ihren Kindern durchzusetzen. Einige werden von ihren Kindern regelrecht tyrannisiert oder haben Angst vor ihnen. Sie wissen nicht, wie sie Grenzen setzen sollen, oder es ist ihnen zu mühsam. Diese Eltern müssen gestärkt werden. Sie lernen z. B. im Elterntraining, ihren Kindern rechtzeitig und effektiv Grenzen zu setzen und konsequenter zu werden. Hier finden auch Elemente assertiven Trainings Anwendung.

Wollen die Eltern ihren Kindern Grenzen setzen, so können folgende Verhaltensweisen hilfreich sein:
- Blickkontakt zum Kind herstellen,
- räumliche Nähe zum Kind herstellen,
- evtl. Körperkontakt,
- das Anliegen freundlich, aber bestimmt äußern,
- eine kurze Begründung für das Anliegen in Form einer Ich-Botschaft geben,
- eine aufrechte Körperhaltung einnehmen, Kopf hoch, Schultern zurück, Füße nebeneinander, Arme offen,
- durchhalten,
- keine Pausen entstehen lassen,
- keine Entscheidungsfragen stellen,
- Situation zügig beenden,
- gegebene Versprechen einhalten.

Diese Verhaltensweisen müssen intensiv eingeübt werden, damit die Eltern sie in einer echten Situation mit ihren Kindern auch realisieren können.

Ein liebevoll-konsequenter Erziehungsstil ist das Ziel, das den Eltern sehr deutlich gemacht werden sollte. Dabei ist es wichtig hervorzuheben, dass eine gute emotionale Beziehung und Vertrauen die Grundlage der Eltern-Kind-Beziehung sind, auch im Zusammenhang mit den Lerntheorien.

Die meisten Eltern empfinden die Kenntnis der Lerntheorien als sehr hilfreich. Aber wie schon an anderer Stelle erwähnt, ist es gerade eine Stärke des Rendsburger Elterntrainings, den Eltern unterschiedliche Zugangsmöglichkeiten zum Kind zu bieten, die sie je nach persönlicher Vorliebe wahrnehmen können. So sollten die Trainer auch die Chance nutzen, diejenigen Eltern, die bisher vielleicht einige Schwierigkeiten in der Gruppe hatten, weil ihnen der emotionale Zugang zum Kind sehr fremd war, bei dem Thema Lerntheorien, das ihnen womöglich leichter fällt, in ihrer Gruppenposition zu stärken.

Infokasten 19 fasst noch einmal die wesentlichen Aspekte der lerntheoretischen Phase zusammen.

Infokasten 19: Die lerntheoretische Phase

Ziele:
- Verhalten als erworben und daher veränderbar verstehen,
- verstehen, wie Verhalten entsteht,
- Verhalten durch lerntheoretische Prinzipien gezielt beeinflussen,
- Auswirkungen eigenen Verhaltens auf die Kinder verstehen,
- geeignete eigene, situationsspezifische Verhaltensweisen entwickeln,
- lernen, konsequent zu sein,
- eine weitere Zugangsmöglichkeit zum Kind vermitteln.

Wichtig dabei:
- Verhaltensweisen operationalisieren, Situationen exakt beschreiben, besser spielen lassen,
- verschiedene Alternativen ausprobieren,

- konkretes „Handwerkszeug" mitgeben,
- Bedeutung von Emotionalität und Vertrauen als Grundlage der Eltern-Kind-Beziehung auch im Zusammenhang mit der Lerntheorie,
- liebevoll-konsequenten Erziehungsstil als Ziel betonen,
- Eltern stärken, die von ihren Kindern unterdrückt werden,
- Eltern, die bisher Schwierigkeiten in der Gruppe hatten und die über die Lerntheorie leichter Zugang finden, in ihrer Gruppenposition stärken.

3.4 Die kommunikationstheoretische Phase

In der kommunikationstheoretischen Phase werden den Eltern zusätzliche Zugangsmöglichkeiten zum Kind vermittelt. Sie bekommen Kommunikationshilfen an die Hand, die die Verständigung mit dem Kind erleichtern und verbessern sollen. Missverständnisse können so vermieden werden, die Kommunikation wird eindeutiger. Diese Elemente ergänzen das bisher Gelernte und können zusätzlich, aber nicht alternativ dazu von den Eltern eingesetzt werden.

Wir alle senden ständig „Mitteilungen ohne Worte", ob es uns bewusst ist oder nicht. Auch die Kinder tun dies, und die Eltern können auf nonverbale Botschaften genauso mit dem verständnisvollen Zuhören eingehen wie auf verbale Äußerungen.

Nonverbale Kommunikation ist für alle wichtig, besonders aber für die Eltern von kleinen Kindern, die noch nicht richtig sprechen können, und für die Eltern von Kindern, die sich wenig verbal äußern. Über die nonverbale Ebene ergibt sich hier ein weiterer Zugangsweg zum Kind. Die verschiedenen Elemente nonverbaler Kommunikation sollten zunächst zusammengetragen werden. Die Eltern benennen meist Mimik und Gestik. Außer Mimik und Gestik gibt es jedoch noch ein weiteres Element nonverbaler Kommunikation: den Tonfall. Verdeutlichen lässt sich dies an einem Beispiel: Wir sprechen den Satz „Das ist ja toll" einmal begeistert und einmal ironisch als Enttäuschung und fragen die Eltern jeweils, was wir damit ausdrücken. Wenn die Eltern die Befindlichkeit „Freude" bzw. „Enttäuschung" benennen, fragen wir nach, ob sie sicher sind. Beide Male sieht der Satz „Das ist ja toll" geschrieben gleich aus, dennoch sind sie sich über die unterschiedliche Bedeutung sicher. Woran liegt das? Am Tonfall. Der Tonfall gehört also auch zur nonverbalen Kommunikation. Wir erarbeiten, dass im Zweifelsfall, also bei gegensätzlichen verbalen und nonverbalen Mitteilungen, die nonverbale Mitteilung sogar wichtiger ist als die verbale. Die tatsächliche Bedeutung wird an Hand der nonverbalen Botschaft entschieden. Insofern lohnt es sich, sich mit nonverbaler Kommunikation einmal näher zu beschäftigen. Es ist wichtig, dass Eltern möglichst verbal und nonverbal übereinstimmende Botschaften senden, sonst sind die Kinder verwirrt. Ironie verstehen Kinder erst ab einem Entwicklungsalter von ca. zwölf Jahren. Sie sollte deshalb bei jüngeren Kindern vermieden werden.

Als nächste Methode innerhalb der kommunikationstheoretischen Phase wird den Eltern Rückmeldung als Mittel präsentiert, um Missverständnisse zu vermeiden, oder wenn sie denn schon aufgetreten sind, diese möglichst schnell zu klären. Die Kommunikation kann dadurch eindeutiger gestaltet werden und nicht verletzend.

Jemandem Rückmeldung zu geben, bedeutet, ihm zu sagen, wie er, sein Verhalten oder das, was er sagt, auf mich wirkt, welche Gefühle er bei mir auslöst. Rückmeldung geben und erhalten wir alle täglich im Umgang mit anderen Menschen, nur nicht immer in konstruktiver Weise. Rückmeldung sollte sich nie pauschal auf den ganzen Menschen beziehen, sondern immer auf begrenztes Verhalten. Fehler macht jeder einmal, sie gehören zum Leben, da wir alle keine Roboter sind. Teilt uns jemand mit, dass er einzelne Verhaltensweisen eines Menschen als negativ empfindet, so kann dies akzeptiert werden. Den ganzen Menschen als negativ zu bewerten, ist dagegen destruktiv und kann verheerende Auswirkungen auf eine Person haben.

Konstruktive Rückmeldung zu geben, heißt also nicht mehr und nicht weniger, als dem anderen eine *Information* darüber zu geben, wie ich ihn erlebe. Ob der andere daraufhin sein Verhalten ändert oder nicht, ist dabei völlig offen. Rückmeldung formt auch das Selbstbild und ist insofern ein hoch bedeutsamer Prozess mit weitreichenden Effekten, der wohlbedacht sein sollte. Wenn sich jemand missverstanden fühlt und er seinem Gegenüber darüber Rückmeldung gibt, ist dies ein effektiver Schritt, um die Situation zügig zu klären, so dass Ärger oder Wut gar nicht erst aufkommen.

Als praktische Übung zum Thema bietet sich der „kontrollierte Dialog" an. Häufig kommt es vor, dass Eltern oder Kinder glauben, sie wüssten schon, was der andere sagen will, was er denkt oder warum er etwas getan hat. Auf diese Vermutung oder, man könnte auch sagen, Unterstellung reagiert derjenige dann ohne zu überprüfen, ob seine Annahme überhaupt richtig ist. Dazu kann man nur anmerken: „Hellsehen müssen wir alle erst noch lernen!" Besser ist es, erst einmal richtig zuzuhören, was der andere wirklich sagt. Das kann man in einem „kontrollierten Dialog" erfahrbar machen. Während eines Gespräches mit der Familie gilt folgende Regel: Bevor ein Familienmitglied etwas sagen darf, muss es zunächst rückmelden, wie es seinen Vorredner verstanden hat. Erst wenn dieser sich richtig verstanden fühlt und „grünes Licht" gibt, darf der Nächste seinen Gesprächsbeitrag bringen. Andernfalls muss der vorige Beitrag nochmals wiederholt und erneut Rückmeldung gegeben werden, gegebenenfalls so lange, bis derjenige sich richtig verstanden fühlt. Dadurch wird deutlich, wie schwer es ist, sich richtig zuzuhören, und wie sehr wir dazu neigen, Sätze des anderen innerlich nach unseren Vermutungen zu „vervollständigen" – ein Ausgangspunkt für Missverständnisse.

Den kontrollierten Dialog kann man auch dazu einsetzen, um eine aufgeheizte, aggressive Gesprächsatmosphäre zu beruhigen. Durch die Rückmeldeschleife wird das Gesprächstempo verlangsamt und das Gespräch automatisch beruhigt.

In der kommunikationstheoretischen Phase wird auch einmal genauer betrachtet, wie Streits eigentlich ablaufen. Dabei gibt es einen typischen Verlauf, der sich scheinbar verselbstständigt und immer weiter eskaliert – wie eine Rolltreppe, die wie von selbst immer weiter nach oben fährt. Das anschauliche Bild der „Rolltreppe" fungiert dabei als Ankerreiz, den die Eltern in einer realen Streitsituation erinnern. Dadurch wird bereits eine Distanzierung in der Streitsituation erreicht, die ähnlich wirkt wie ein Gedankenstopp. Es wird dann erarbeitet, wie man diesen Verlauf unterbrechen kann bzw., um im Bild zu bleiben, wie wir die „Notbremse" ziehen können. Dabei werden die bereits erlernten

Möglichkeiten wie verständnisvolles Zuhören, Ich-Botschaften, Rückmeldung usw. bewusst eingesetzt, um eine Eskalation mit tiefgehenden Verletzungen zu vermeiden und stattdessen ein konstruktives Gespräch zu ermöglichen. Es geht an dieser Stelle nicht um Problemlösen, sondern um Schadensbegrenzung.

Einige der Elemente der kommunikationstheoretischen Phase sind ansatzweise schon in den anderen Phasen enthalten, werden aber jetzt unter anderen Gesichtspunkten oder ausführlicher betrachtet. So wird in dieser Phase gleichzeitig durch die Wiederholung aus einer anderen Perspektive bisher Gelerntes vertieft.

Wichtig ist es, den Bezug zu dem bisher Gelernten auch explizit herzustellen. Dadurch wird nicht nur, wie bereits beschrieben, die Schwelle für Neues gesenkt, sondern gleichzeitig das bereits Erlernte durch Variation gefestigt. Die Eltern erkennen Bekanntes, auch wenn es im neuen Gewand erscheint. Dies ist einerseits ein Erfolgserlebnis für sie, da es ihnen zeigt, wie gut sie schon mit dem Erlernten umgehen können. Andererseits wird dadurch auch deutlich, wie breit die Anwendungsmöglichkeiten sind und wie weitreichend die Geltung des Gelernten ist.

Wie immer ist es wichtig, die Zusammenhänge anschaulich und mit vielen praktischen Beispielen zu erklären. Dies gilt insbesondere für den Teil „Rückmeldung", der zunächst recht theoretisch erscheinen mag. Hier muss durch anschauliche Beispiele unterfüttert werden, wie die Anwendung in der Praxis aussehen kann.

Bei dem Thema „Nonverbale Kommunikation" ist Videoeinsatz unverzichtbar, um die vielen nonverbalen Mitteilungen sichtbar zu machen. Hier kann man an Hand kurzer, mit Video aufgezeichneter Interaktionen, die dann immer wieder angehalten werden, nonverbale Kommunikation bewusst machen. Dieser Teil lässt sich nebenbei auch gut zur Auflockerung nutzen. Im Elterntraining ist dies eine Einheit, die den Eltern besonders viel Spaß macht. Sie eignet sich daher auch gut als Wiedereinstieg nach einer Ferienpause.

Infokasten 20 fasst noch einmal die wichtigsten Aspekte der kommunikationstheoretischen Phase zusammen.

Infokasten 20: Die kommunikationstheoretische Phase

> Ziele:
> - zusätzliche Zugangsmöglichkeit zum Kind schaffen,
> - Kommunikationshilfen an die Hand geben,
> - Kommunikation eindeutiger machen, Missverständnisse vermeiden,
> - bisher Gelerntes vertiefen durch Wiederholung aus einer anderen Perspektive.
>
> Wichtig dabei:
> - Bezug zu dem bisher Gelernten herstellen,
> - anschaulich mit vielen praktischen Beispielen erklären,
> - nonverbale Kommunikation mit Videoeinsatz auch als Auflockerung nutzen.

3.5 Die Konfliktlösungsphase

In der Konfliktlösungsphase fließt alles bisher Erlernte zusammen. Die Eltern benötigen hierfür alle erlernten Elemente, Inhalte und Methoden. Ihnen wird erklärt, dass hier ihr gesamtes „Handwerkszeug" zum Einsatz kommen muss und deshalb dieser Punkt auch der letzte im Elterntraining ist, sozusagen die Krönung.

Ziel ist es, dass die Familien größere Probleme, die es zweifellos immer wieder geben wird, effektiv ohne fremde Hilfe lösen können. Dazu erlernen Eltern und Kinder eine Methode, mit der sie größere Probleme oder immer wieder auftretende Probleme so lösen können, dass alle Beteiligten zufrieden sind. Diese Methode (s. dazu D'Zurilla & Goldfried 1971) hat sich auch in anderen Lebensbereichen, z.B. im Arbeitsleben, bewährt, wird jedoch hier auf den Einsatz in der Familie beschränkt. Das Vertrauen der Familien in ihre eigenen Kräfte und ihre Unabhängigkeit von Institutionen wird dadurch gestärkt. Insgesamt wird ein besseres Verständnis zwischen Eltern und Kindern erreicht.

Da diese Methode recht zeitaufwendig ist, bleibt sie wirklich schwerwiegenden Problemen oder Dauerproblemen vorbehalten. Nur dann stehen Aufwand und Nutzen in einem angemessenen Verhältnis für alle Beteiligten. Dies wird Eltern und Kindern auch deutlich gemacht.

Das Problem wird systematisch und strukturiert in fünf Schritten bearbeitet. An diesem Prozess müssen alle Betroffenen beteiligt sein, damit die erarbeitete Lösung auch wirklich funktioniert. Diesen komplexen Konfliktlösungsprozess üben die Eltern zunächst intensiv im Rollenspiel ein.

In *Schritt 1* soll jedes Familienmitglied zunächst äußern, was für ihn/sie das Problem ist, was ihm wichtig ist, worauf es ihm ankommt. Nur wenn das für alle klar ist, können passende Lösungen entwickelt werden. Durch den Austausch darüber wächst auch das Verständnis füreinander. Durch die Berücksichtigung aller Interessen können auch Familienmitglieder zur Mitarbeit motiviert werden, die zunächst gar kein Problem und keinen Leidensdruck zu haben scheinen. Beispielsweise stört den pubertierenden Jugendlichen vielleicht nicht die Überlastung der Mutter, aber ihre ständige schlechte Laune und ihr Schimpfen. Dies könnte für ihn ein Motiv sein, sich an dem Problemlöseprozess zu beteiligen, obwohl er zunächst gar kein Problem mit dem Thema „Die Mutter fühlt sich überlastet" hat.

In *Schritt 2* sollen in einem Brainstorming so viele Lösungsideen wie möglich gesammelt werden. Um den Horizont zu erweitern und die Kreativität anzuregen, sollen hier auch zunächst abwegig erscheinende Lösungen notiert werden. Häufig finden die Familien darüber Lösungen, die dann doch praktikabel sind, und es lockert den Prozess insgesamt auf. Die Beteiligten erkennen, dass es viel mehr Lösungsmöglichkeiten gibt, als sie zunächst dachten.

In *Schritt 3* wird jede Lösungsidee von jedem Mitglied als denkbar oder nicht vorstellbar eingestuft. Wer die Lösung ablehnt, muss dies begründen. Dadurch wird einerseits eine „Null-Bock-Haltung" vermieden, zum anderen wächst auch dadurch noch einmal das Verständnis für das, was den anderen wichtig ist. Es bleiben nur die Lösungen übrig, die für *alle* vorstellbar sind! Dies ist die Basis dafür, dass ausgewählte Lösungen schließlich funktionieren. Wer nicht hundertprozentig einverstanden wäre, würde die Umsetzung der Lösung möglicherweise sabotieren.

In *Schritt 4* wird schließlich aus den denkbaren Lösungen die beste ausgewählt oder, was häufig vorkommt, die Lösungsideen werden miteinander kombiniert. Komplexe Probleme erfordern auch komplexe Lösungen, so dass meist ein ganzes Paket von Ideen für die einzelnen Aspekte des Problems benötigt wird. Wichtig ist die Operationalisierung der Lösungen.

Schritt 5 folgt naturgemäß in zeitlichem Abstand als „Controlling". Das Ereignis muss schon einige Male aufgetaucht sein, damit beurteilt werden kann, ob die Lösung wirklich funktioniert, ggf. muss etwas „nachjustiert" werden.

Die Kinder lernen die Methode parallel zu den Eltern auf eine kindgerechte Weise kennen (vgl. Kapitel 6 Das Kinderprogramm), so dass beide Seiten, Eltern und Kinder, darauf vorbereitet sind, wenn sie diese Methode zum ersten Mal an einem tatsächlichen Problem ihrer Familie anwenden. Dieser erste Einsatz findet im Elterntraining trainerbegleitet statt. Die Familien bearbeiten während des Elterntrainings unter Einbeziehung aller an dem Problem beteiligten Familienmitglieder ein reales Problem ihrer Familie bis zur Lösung. Dabei geben die Trainer bei Bedarf Hilfestellung. So wird sichergestellt, dass alle Familien die Methode mindestens einmal erfolgreich angewendet haben. Dies erhöht die Chance, dass sie sie zukünftig auch zu Hause bei Bedarf selbstständig weiter einsetzen.

Selbstverständlich ist diese Problemlösemethode auch hervorragend in der Einzelfallarbeit einsetzbar und darüber hinaus auch in anderen Gruppen, z. B. in Schulklassen.

Infokasten 21 fasst noch einmal die wichtigsten Aspekte der „Konfliktlösungsphase" zusammen.

Infokasten 21: Die Konfliktlösungsphase

Ziele:
- größere Probleme ohne fremde Hilfe effektiv lösen,
- besseres Verständnis zwischen Eltern und Kindern,
- Stärkung des Vertrauens in die eigenen Kräfte der Familie.

Wichtig dabei:
- darauf hinweisen, dass alles bisher Gelernte hier einfließt, deutlich machen, dass die Methode für schwerwiegende Probleme oder Dauerprobleme gedacht ist, Hilfestellung durch die Trainer bei dem ersten Versuch in vivo.

4

Effekte, Ergebnisse, Erfahrungen

4.1 Inhaltliche Grundlagen als Wirkungsfaktoren im Rendsburger Elterntraining

In diesem Kapitel wird die grundsätzliche Frage behandelt, ob der inhaltliche Ansatz des Rendsburger Elterntrainings plausibel und sinnvoll ist bzw. warum das so ist. Die Empirie hat seit 1976 gezeigt, dass das Rendsburger Elterntraining Veränderungen in der beschriebenen und erwünschten Richtung bei Eltern erreicht. Diese Erfahrung berichten Praktiker in ganz Deutschland in unterschiedlichen Kontexten. Eine besondere Stärke des Elterntrainings ist das Erreichen auch einfach strukturierter Eltern. Außerdem beschränkt sich das Elterntraining in seinen inhaltlichen Grundlagen nicht auf eine „Schule", sondern macht vielmehr Elemente aus unterschiedlichen Ansätzen nutzbar und vermittelt und erschließt diese den Eltern. Diese Kombination gründet sich auf wissenschaftlichen Erkenntnissen zur Wirksamkeit bestimmter Variablen/Verhaltensweisen/Haltungen, die das Rendsburger Elterntraining pragmatisch und undogmatisch verbindet.

4.1.1 Resilienzforschung

Die Resilienzforschung bietet vielfältige Hinweise, welche Faktoren einer (psychisch) gesunden Entwicklung von Kindern förderlich sind, und damit auch, welche elterlichen Verhaltensweisen sich günstig oder ungünstig auswirken. Dieser Ansatz entspricht der Haltung, die dem Elterntraining zugrunde liegt und die es auszeichnet, sehr gut, da der Fokus auf den Stärken, den Ressourcen, dem Positiven liegt. Hier wird angesetzt und das, was schon funktioniert, wird betont und ausgebaut.

Zahlreiche Faktoren wurden in der Fachliteratur als familiäre Schutz- vs. Risikofaktoren identifiziert:

Infokasten 22: Familiäre Schutz- und Risikofaktoren (Eickhoff & Zinnecker 2000)

Familiäre Schutzfaktoren	Familiäre Risikofaktoren
Unterstützung/Einfühlung/Verständnis	mangelnde Unterstützung/Einfühlung, kein Verständnis
Unterstützung von autonomem/unabhängigem Verhalten	überbehütendes, überinvolviertes, überbesorgtes Verhalten, kein Freiraum
Wärme	mangelnde Wärme
aufmerksame Kontrolle	autoritäres Kontrollverhalten
harmonisches Familienklima	mangelnde Harmonie in der Familie
Öffnung der Familie nach außen	soziale Isolation der Familie
Zutrauen in den Rat der Eltern	Rat der Freunde wird mehr geschätzt als der der Eltern
Kind lebt mit beiden biologischen Elternteilen	„broken home"
Offenheit im Umgang miteinander	keine Offenheit im Umgang miteinander
wenig kritische Lebensereignisse	Häufung kritischer Lebensereignisse
klare Grenzen	unklare Grenzen
Verfügbarkeit der Eltern	Nicht-Verfügbarkeit der Eltern
weniger als vier Geschwister	mehr als vier Geschwister

Familiäre Schutzfaktoren	Familiäre Risikofaktoren
Zusammenhalt der Familie gemeinsame Familienaktivitäten	Gleichgültigkeit der Eltern verwöhnender oder ablehnend autoritärer Erziehungsstil
erfolgreiches Vorleben und Vermitteln von Werten und Einstellungen	Leistungsdruck und hohe Erwartungshaltung
Möglichkeit, in Konflikten gemeinsame Entscheidungen auszuhandeln	sehr viele oder gar keine Konflikte
	Eltern oder Geschwister als negative Modelle

Nicht alle Faktoren sind beeinflussbar, aber der überwiegende Teil ist es durchaus. Wie man erkennt, wird der Großteil der Faktoren durch das Elterntraining beeinflusst bzw. findet er sich in dem Programm wieder und wird mit den Eltern erarbeitet und eingeübt. Dies macht deutlich, wie sinnvoll und wie förderlich sowohl für die Eltern-Kind-Beziehung wie auch für das Kind selbst die vermittelten Trainingsinhalte des Elterntrainings sind.

Dies gilt auch für günstige vs. ungünstige Kommunikationsmerkmale:

Infokasten 23: Günstige vs. ungünstige Kommunikationsmerkmale (Eickhoff & Zinnecker 2000)

Günstige Kommunikationsmerkmale	Ungünstige Kommunikationsmerkmale
Zustimmung/Akzeptanz emotionale Unterstützung, Zuwendung	Ablehnung Angriff, Kritik, Abwendung, Abwertung
positiver physischer Kontakt, positives nonverbales Verhalten	negatives nonverbales Verhalten
Ich-Bezug/Selbstöffnung, Wünsche und Absichten äußern	Du-Bezug
häufige spontane Übereinstimmung	seltene spontane Übereinstimmung
Aussagen, die zur Autonomie/ Unabhängigkeit ermutigen	„overprotective", „overinvolved"

Günstige Kommunikationsmerkmale	Ungünstige Kommunikationsmerkmale
Fähigkeit zuzuhören, Aufmerksamkeit	nicht zuhören, Desinteresse
auf den anderen eingehen	die anderen ignorieren
Redeanteile gleichmäßig verteilt	Redeanteile nicht gleichmäßig verteilt
klare, konsistente Äußerungen	unklare, inkongruente Äußerungen/ „double bind"
konstruktive Konfliktlösung/ effektive Problemlösestrategien	keine konstruktive Konfliktlösung/ ineffektive Problemlösestrategien
paraphrasieren	Koalitionen bilden (v. a. übergenerational)
nachfragen, klären	stereotype Interaktionsmuster
gemeinsames Lachen	vom Thema abschweifen
Rückmeldung geben	drohen

Auch hier lässt sich unschwer erkennen, dass der Großteil der Merkmale günstiger Kommunikation zwischen Eltern und Kind, wie sie sich in der Fachliteratur finden, essentieller Programmbestandteil im Elterntraining ist, der mit den Eltern eingeübt wird.

Möglichkeiten, wie Eltern das Resilienzvermögen ihrer Kinder steigern können, werden durch das Elterntraining erarbeitet. Die Faktoren entsprechen der Grundhaltung, die das Elterntraining den Eltern vermitteln will:

Infokasten 24: Wie können Eltern das Resilienzvermögen ihrer Kinder steigern? (Brooks & Goldstein 2007)

- Sie üben Empathie.
  Sie äußern sich klar und hören aktiv zu.
  Sie wandeln eigene negative Skripte ab.
- Sie geben ihrem Kind mit ihrer Liebe das Gefühl, als Mensch in seinem eigenen Wert geschätzt und willkommen zu sein.
- Sie akzeptieren ihr Kind so, wie es ist, und verhelfen ihm zu realistischen Erwartungen und Zielvorstellungen.

- Sie geben ihrem Kind Gelegenheit zu erkennen, dass man aus Fehlern lernen kann.
- Sie wecken Verantwortungsbewusstsein, Mitgefühl und ein soziales Gewissen bei ihrem Kind, indem sie ihm Gelegenheit geben, sich zu beteiligen.
- Sie lehren ihr Kind, Probleme zu lösen und Entscheidungen zu treffen.
- Sie setzen Regeln und Vorschriften, die das Selbstwertgefühl und die Selbstdisziplin des Kindes fördern.

4.1.2 Erziehungsstilforschung

Ergebnisse aus der Erziehungsstilforschung weisen auf weitere bedeutsame elterliche Haltungen bzw. Verhaltensweisen hin, die wiederum mit den Inhalten des Elterntrainings korrespondieren. So haben Reitzle, Winkler-Metzke und Steinhausen (2001) drei Grunddimensionen als Konstituenten elterlicher Erziehungstypen mit prädiktivem Potential für Anpassung und Fehlanpassung ausgemacht:
- Wärme und Unterstützung,
- psychologischer Druck sowie
- Regeln und Kontrolle.

Im Einzelnen haben sie festgestellt:
- höhere Werte elterlicher **Unterstützung** korrespondieren mit
  - gelungener Anpassung,
  - geringerer Symptombelastung,
  - besserem Selbstwertgefühl,
  - ausgeprägterer Präferenz für aktive Bewältigungsstrategien;
- ausgeprägter **psychologischer Druck** ist assoziiert mit
  - höherer Symptombelastung,
  - niedrigerem Selbstwert und
  - vermeidenden Coping-Strategien;
- **Regeln/Kontrolle** weisen kaum Zusammenhänge mit den Kriteriumsvariablen auf, auch nicht die erwartete negative Beziehung zu externalisierenden Verhaltensproblemen.

Reitzle, Winkler-Metzke und Steinhausen (a. a. O.) fanden vier Cluster im Sinne von Erziehungsstilen, bei denen die genannten drei Grunddimensionen in unterschiedlicher Ausprägung und in unterschiedlicher Kombination vorkommen:
- **autoritative Erziehung**
  erhöhtes Maß an Unterstützung und Regeln bei unterdurchschnittlichem psychologischen Druck,
- **permissive Erziehung**
  Regeln und psychologischer Druck gering ausgeprägt bei leicht überdurchschnittlicher Unterstützung,
- **emotionale Distanz**
  sehr wenig unterstützend und nicht sonderlich auf Einhaltung von Regeln bedacht,
- **fordernde Kontrolle**
  Betonung von Regeln und hoher psychologischer Druck.

Diese vier Erziehungsstile haben unterschiedliche Auswirkungen auf die Kinder:
- **fordernde Kontrolle** und **emotionale Distanz**
  – gehen mit negativeren Entwicklungsergebnissen einher,
- **autoritative** und **permissive Erziehung**
  – gehen mit positiveren Entwicklungsergebnissen einher,
- **fordernde Kontrolle** geht nahezu durchgängig mit
  – höherer Symptombelastung und
  – schlechterem Selbstwert einher,
- bei **emotionaler Distanz** sind
  – aktive Coping-Strategien geringer ausgeprägt,
- **autoritative und permissive Erziehung**
  – erreichen gleichermaßen positive Entwicklungsergebnisse.

Ein relevantes Thema bei vielen Kindern, ob sie sich in Jugendhilfemaßnahmen befinden oder nicht, ist aggressives Verhalten. Es führt sehr schnell zu massiven Konflikten mit der Umwelt und wirkt sich meist sowohl auf die Kinder als auch auf die Eltern sehr belastend aus. Bei der Entstehung aggressiven kindlichen Verhaltens ließ sich ein aggressionsfördernder Erziehungsstil identifizieren (Loeber 1990; Patterson et al. 1991, Petermann & Petermann 2001, Petermann, Döpfner & Schmidt 2001):

Infokasten 25: Aggressionsfördernder Erziehungsstil (nach: Petermann, Döpfner & Schmidt 2001)

- Die Eltern stellen zu viele oder zu wenige soziale Regeln auf;
- sie achten nicht konsequent auf die Einhaltung dieser Regeln;
- sie sind selbst Modelle für aggressives Verhalten;
- sie verstärken aggressives Verhalten durch positive und v. a. durch negative Verstärkung oder sie dulden das aggressive Verhalten ihres Kindes;
- das Kind wird überwiegend getadelt und erhält negative Rückmeldung.

Das Elterntraining trainiert explizit die entgegengesetzten Verhaltensweisen und kann so Voraussetzungen bei den Eltern schaffen, dass aggressives Verhalten der Kinder nicht oder nicht weiter in demselben Ausmaß durch ungünstiges elterliches Erziehungsverhalten generiert wird.

In diesem Zusammenhang ist noch ein Ergebnis besonders interessant: Massive Eltern-Kind-Konflikte wirken sich nur dann negativ auf die Sozialentwicklung aus, wenn keine gemeinsamen Freizeitaktivitäten vorliegen (Pinquart 2001, zit. nach: Petermann, Döpfner & Schmidt 2001). Dies ist insofern besonders interessant, als es ja wesentlich einfacher ist, gemeinsame Freizeitaktivitäten von Eltern und Kindern zu initiieren, als den gesamten Erziehungsstil zu verändern. Unter diesem Aspekt gewinnt auch das Familienwochenende im Elterntraining noch eine zusätzliche, besondere Bedeutung, da hierdurch gemeinsame Freizeitaktivitäten, auch weit über das Wochenende hinaus, in hohem Maße angeregt werden.

Schneewind (1995, S. 43) fasst förderliches Erziehungsverhalten zusammen: „Eltern, die auf die Entwicklung ihrer Kinder mit Zuneigung, emotionaler Wärme, klaren, erklärbaren Regeln, der Bereitstellung entwicklungsgemäßer Anregungsbedingungen sowie der Gewährung autonomiefördernder Handlungsspielräume Einfluss nehmen, können damit rechnen, dass ihre Kinder sich zu selbstbewussten, emotional stabilen, sozial kompetenten, leistungsfähigen und selbstverantwortlichen Personen entwickeln" (Schneewind in Edelstein 1995).

Die geschilderten Ergebnisse belegen in vielfältiger Weise, dass die Inhalte des Elterntrainings und die angestrebten Ziele sinnvoll sind, um elterliches Erziehungsverhalten in eine entwicklungsfördernde Richtung zu lenken.

4.2 Daten

4.2.1 Ratings der Eltern, der Kinder und Katamnese

Das Rendsburger Elterntraining wird seit 1976 überwiegend in ambulanten Maßnahmen durchgeführt. Die durchgeführten Elterntrainings wurden in der Anfangszeit auf ihre Effektivität hin durch begleitende Fragebögen überprüft. Diese Fragebögen wurden jeweils zur Hälfte des Kurses, zum Ende des Kurses und katamnestisch sechs und zwölf Monate nach Ende des Kurses von Eltern und Kindern beantwortet. Sie enthielten Fragen nach der Qualität der Veränderungen des Erziehungsverhaltens und Ratingskalen zur Erfassung der Ausprägung dieser Veränderungen.

Abbildungen 1 und 2 zeigen die Ratings von Eltern und Kindern. Die Einteilung der vertikalen Achse kennzeichnet hierbei das quantitative Ausmaß der Veränderung, wie es von den Eltern und Kindern angegeben wurde. Die horizontale Achse veranschaulicht die Zeitdauer. Der Nullpunkt bezeichnet den Beginn der Kurse.

Die Ergebnisse der Langzeituntersuchung lassen sich wie folgt zusammenfassen:

Abb. 1: Die Kurve folgt dem typischen Verlauf einer Lernkurve, wobei die Lernphase nach sechs Monaten abbricht. Daraufhin folgt ein leichter Rückgang, der sich schließlich auf einem mittleren Niveau stabilisiert.

Hinsichtlich der qualitativen Aussage „Was genau hat sich verändert?" wichen die Antworten der Katamnese nicht wesentlich von dem ab, was auch während und am Ende der Kurse geäußert wurde.

Effekte, Ergebnisse, Erfahrungen

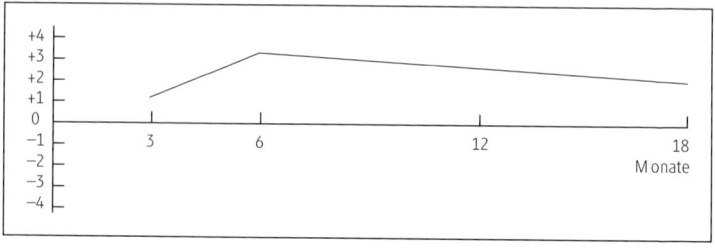

Abb. 1: Frage an die Eltern: Hat sich Ihr Erziehungsverhalten durch den Elternkurs verändert?

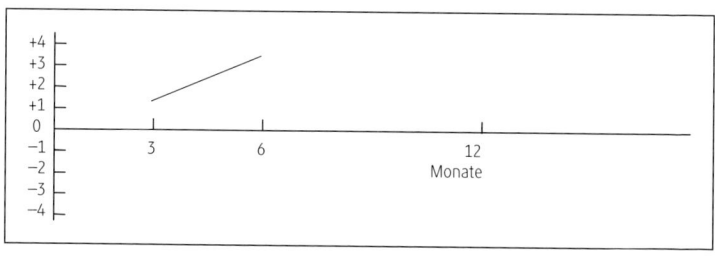

Abb. 2: Frage an die Kinder: Hat sich das Verhalten Deiner Eltern Dir gegenüber seit Beginn des Elternkurses verändert?

Abb. 2: Hier sind die Einschätzungen der Kinder wiedergegeben. Eine katamnestische Befragung der Kinder fand nicht statt. Die Kurve entspricht etwa der der Eltern. Auch hier ist ein ansteigender Verlauf bis zum Kursende gegeben.

Die Ergebnisse lassen folgende Aussagen zu: Von Eltern und Kindern wird das veränderte Erziehungsverhalten der Eltern als verständnisvoller, weniger aufbrausend, geduldiger, kooperativer und ausgeglichener beurteilt. Diese Beurteilung blieb über die Zeit erhalten (Egert 1979).

4.2.2 Die Abschlussfragebögen

Am Ende jedes Elterntrainings wurden den Eltern Abschlussfragebögen zur Beurteilung des Kurses vorgelegt. Dabei wurden offene Fragen gestellt, die mit eigenen Worten zu beantworten waren, aber auch Aussagen vorgegeben, die auf einer Ratingskala daraufhin bewertet werden sollten, ob sie zutreffen oder nicht.

Dabei bedeutete 1 = „stimmt genau" und 6 = „stimmt überhaupt nicht".

Abb. 3 gibt die Mittelwerte der quantitativen Beurteilung wieder.

Auswertung der Abschlussfragebögen zum Rendsburger Elterntraining
N = 255
Aussage: Mittelwert:
1. Der Kurs hat mir gefallen 1,3
2. Ich bin froh, dass der Kurs vorbei ist 4,8
3. Ich habe im Kurs viel gelernt 1,4
4. Ich glaube, was ich im Kurs gelernt habe, kann ich im Alltag
   gebrauchen.. 1,4
5. Ich habe mich in der Gruppe wohlgefühlt 1,5
6. Die Trainer waren überflüssig............................. 5,6
7. Der Kurs war zu lang 5,1
8. Ich glaube, was ich im Kurs gelernt habe, kann ich jetzt auch
   anwenden.. 1,8
9. So einen Kurs würde ich wieder mitmachen 1,7
10. Der Kurs war einfach 2,9
11. Meine Beziehung zu meinem Kind hat sich verändert.......... 1,9

Abb. 3: Auswertung der Abschlussfragebögen zum Rendsburger Elterntraining

Die Ergebnisse zeigen im Wesentlichen folgende erreichte Veränderungen:
- demokratischer, partnerschaftlicher, autoritativer Erziehungsstil,
- mehr Kommunikation in der Familie,
- mehr verbales Konfliktlösen,
- ruhigeres und ausgeglicheneres Verhalten der Eltern in der Auseinandersetzung,
- verbesserte Fähigkeit, Grenzen zu setzen,
- konsequenteres Verhalten der Eltern,
- weniger Gewalt gegenüber den Kindern.

Die Eltern beurteilten die vermittelten Techniken und Strategien zur gemeinsamen Lösung von Problemen als nützlich, anwendbar und als bereits erfolgreich erprobt. Viele Probleme treten gar nicht mehr auf, da die Eltern sich von vornherein anders verhalten. Je intensiver die Beteiligung der Gesamtfamilien an den Elterntrainings war, desto höher war auch der Grad der Zufriedenheit mit dem Erreichten.

Insgesamt zeigen die Ergebnisse, dass die Ziele des Elterntrainings (Konflikte bewältigen, liebevoll-konsequenter Erziehungsstil) mit dem vorgestellten Programm erreicht werden können und von Eltern und Kindern als erwünscht wahrgenommen werden.

4.2.3 Einschätzungen durch die Elterntrainer

Im Rendsburger Elterntraining ausgebildete Elterntrainer aus unterschiedlichen Arbeitszusammenhängen und Rahmenbedingungen berichteten während eines Supervisionstages sehr ähnliche Erfahrungen bei der Durchführung des Elterntrainings (s. dazu Egert-Rosenthal 2005).

Sie stellten heraus, dass sie die besondere wertschätzende Grundhaltung gegenüber den Eltern, die das Elterntraining u. a. auszeichnet und auf die in den Multiplikatorenkursen sehr viel Wert gelegt wird, für besonders wichtig und hilfreich halten. Dadurch hätten viele Elterntrainer auch in der Einzelfallarbeit einen anderen, besseren Zugang zu Eltern gefunden. Außerdem seien dadurch sogar Persönlichkeitsveränderungen bei den Eltern erreicht worden, die den Trainern von dritter Seite (z. B. von Jugendamtsmitarbeitern) rückgemeldet wurden.

Die Effekte im Elterntraining wurden aus allen Elterntrainingsgruppen in gleicher Weise berichtet, so dass unterstrichen wurde, dass es sich um Standardeffekte handelt, die Programm immanent und Personen unabhängig eintreten.

Die Teilnehmer beurteilten das Elterntraining auf Grund ihrer praktischen Erfahrungen mit dem Programm in einem Fragebogen.

Dabei bewerteten sie das Elterntraining mit Ratingskalen von 1 bis 5 (wobei 1 die beste und 5 die schlechteste Wertung war) und mit freien Antwortkategorien.

Das Elterntraining wurde als effektiv (1,6), ökonomisch (1,8), klientengerecht (1,5) und anwendbar (1,2) eingeschätzt.

Die Charakteristika bzw. Vorteile des Elterntrainings nach Einschätzung der Trainer zeigt Infokasten 26:

Infokasten 26: Charakteristika und Vorteile des Rendsburger Elterntrainings

- Schrittweiser Aufbau,
- klare Struktur,
- logisch aufgebauter Kurs,
- Struktur, d. h. Eltern können nicht ausweichen,
- es geht „nur" um Erziehung, nebenbei im Kurs kann nicht abgeschweift werden,
- viele Übungen,
- sehr praktisch angelegt,
- praktische Schwerpunkte (Übungen),
- Vermittlung von Handwerkszeug, das Eltern sofort umsetzen können,
- Möglichkeiten sich auszuprobieren,
- Erfahrungen sammeln,
- das Arbeiten mit realen Themen,
- gut umsetzbar in einzelnen Situationen, dadurch kleine Erfolge bei den Eltern,
- ganz viel Erlernen von Handwerkszeug,
- genügend Zeit, mit Eltern zu arbeiten,
- die Dauer über 22 Einheiten,
- sehr intensiv und regelmäßig,
- die feste Gruppe,
- Erleben in der Praxis, Gruppendynamik,
- ganz wichtig ist die Gruppenerfahrung (andere haben auch Probleme),
- gut verständlich,
- Annahme/Ermutigung der Eltern, wertschätzend,
- niederschwelliger Zugang,
- anschaulich durch die Filme,
- schnelle Öffnung der Eltern,
- erste Erfolge relativ früh,
- Erfassen von mehreren Familienmitgliedern im Kurs.

Die Teilnehmer halten nach ihrer Erfahrung das Elterntraining für gut geeignet,
- um die Erziehungskompetenz der Eltern zu erhöhen (1,4). Infokasten 27 zeigt, wodurch dies nach Einschätzung der Teilnehmer erreicht wird;
- um Eltern zu erreichen (1,6). Infokasten 28 zeigt, welche Eltern nach Meinung der Teilnehmer erreicht werden;
- um die Beziehungen zwischen Eltern und Kindern zu verbessern (1,8);
- um Verhaltensauffälligkeiten der Kinder zu verringern (2,2).

Die Infokästen 27 und 28 zeigen nach Einschätzung der Elterntrainer Faktoren, durch die das Elterntraining die Erziehungskompetenz erhöht hat, und welche Eltern durch das Elterntraining erreicht werden:

Infokasten 27: Faktoren, durch die das Rendsburger Elterntraining die Erziehungskompetenz erhöht

- Eigene Betroffenheit in Handlung umsetzen,
- Eltern werden sicherer,
- Freude an der Erziehung bekommen,
- über sich selbst anerkennen können,
- über Übungen,
- viel Handwerkszeug durch viel praktisches Tun,
- viele Methoden, die angewandt werden können,
- Toleranz,
- Akzeptanz,
- kindgerechter emotionaler Umgang mit Kindern und Erwachsenen,
- endlich ausgehend von den eigenen Gefühlen und denen der Kinder,
- erhöhte Einfühlsamkeit, Konsequenz, Verständnis,
- lernen, Gefühle anzunehmen,
- liebevolle Konsequenz,
- Methoden der Erziehung werden besprochen,
- theoretisches Wissen in Ergänzung zu Übungen.

Infokasten 28: Welche Eltern werden durch das Rendsburger Elterntraining erreicht?

- Alle Eltern, die im Zusammenleben mit Kindern etwas verändern möchten,
- Eltern mit Interesse am Kind,
- Eltern mit Erziehungsproblemen,
- im Prinzip für alle Eltern,
- auch einfach strukturierte Eltern,
- Eltern mit Selbstwertverlusten,
- Eltern, die sich überschätzen,
- einfach bis Mittelschicht,
- v. a. intellektuelle Eltern können Erlerntes besser verstehen und umsetzen,
- auch skeptische, „mit viel Erfahrung" versehene Eltern,
- Eltern, die motiviert sind, etwas zu lernen,
- motivierte Eltern, die nicht zum Kurs gezwungen wurden.

4.2.4 Studie zur Evaluation

In einer weiteren Studie wurde die Wirksamkeit des Elterntrainings überprüft (Egert 2009). Dabei wurden Eltern im Prä-Post-Design Fragebögen vorgelegt, die in der ersten oder zweiten Einheit, an der die Eltern teilnahmen, und in der letzten Einheit ausgefüllt werden sollten.

Bei der Untersuchung kamen die Parenting Scale (PARS, Deutsche Fassung) (Arnold, O'Leary, Wolff & Acker 1993, S. 137–144) und die Parenting Sense of Competence Scale (PSOC, Deutsche Fassung) (Lösel, Beelmann, Jaursch, Scherer, Stemmler & Wallner 2003) zum Einsatz. Beide Fragebögen arbeiten mit Ratingskalen und bestehen aus 30 bzw. 16 Items. Die PARS erfasst Erziehungsverhalten v. a. bei externalisierendem, auffälligen Verhalten des Kindes. Die PSOC erfasst die Zufriedenheit mit der Elternrolle und die erlebte Selbstwirksamkeit der Eltern.

Voraussetzung für die Teilnahme an der Untersuchung war, dass das Elterntraining in allen 22 Einheiten konzeptgemäß durchgeführt wurde. Kurse, die nach dem Rendsburger Elterntraining *Kindergartenalter* durchgeführt wurden, wurden bei der Studie aus Gründen der Vergleichbarkeit nicht berücksichtigt. Auch wenn es in der Praxis möglich und sinnvoll ist, auch einzelne Elemente des Elterntrainings, z. B. in der Einzelfallarbeit mit Eltern, anzuwenden, wurde dies ebenfalls bei der Studie nicht berücksichtigt.

Die Charakteristik der Klientel, bei der das Elterntraining hauptsächlich Anwendung findet, schafft besondere Bedingungen bzw. bringt spezifische Probleme mit sich. So kann ein erheblicher Teil der teilnehmenden Eltern nicht schreiben und lesen oder hat zumindest große Schwierigkeiten im Umgang mit der Schriftsprache, so dass das Ausfüllen von Fragebögen für viele Eltern aversiv ist. Daher ist es höchst problematisch bzw. kontraproduktiv, den Eltern gerade zu Beginn des Kurses Fragebögen vorzulegen, wenn eigentlich erst einmal Vertrauen auf- und Ängste abgebaut werden sollen! Um die Teilnahme am Kurs nicht zu gefährden, verbietet es sich daher, auf dem Ausfüllen der Fragebögen zu insistieren.

Am Ende des Kurses sind die Eltern dann erfahrungsgemäß emotional, aber auch praktisch mit der Frage beschäftigt, wie es weitergehen soll. Ob sich die Gruppe selbstständig weiterhin trifft, wo und wann dies stattfinden kann etc. Die meisten Gruppen treffen sich nach Kursende zumindest eine Zeit lang, manchmal auch über Jahre, selbstständig weiter. Dies ist im Sinne der Hilfe zur Selbsthilfe äußerst wünschenswert, zumal damit auch die Nachhaltigkeit der Kurse unterstützt wird. Auch am Ende des Kurses empfinden die Eltern das Ausfüllen von Fragebögen daher aber eher als störend und nicht zur aktuellen Emotionalität passend. Dementsprechend begrenzt ist der Rücklauf der Fragebögen. Diese Aspekte liegen in der Natur der Sache bzw. der Klientel. Sie lassen sich nicht eliminieren und müssen bei Erhebungen in diesem Kontext berücksichtigt werden (s. dazu auch Egert 2009).

Inhaltlich wurden folgende Items signifikant oder hochsignifikant geändert (in Klammern jeweils der andere Pol der Ratingskala, der sich verringert hat):

Wenn mein Kind ungezogen ist ...

- **spreche ich ein Verbot aus und bleibe bei dem, was ich sage**/(lasse es aber trotzdem durchgehen),
- **drohe ich nur mit Dingen, die ich auch verwirklichen würde**/ (drohe ich mit Dingen, von denen ich weiß, dass ich sie nie tun werde),

- (ermahne oder warne ich mein Kind mehrmals)/**ermahne oder warne ich mein Kind nur einmal,**
- **und mich nervt, kann ich das ignorieren**/(und mich nervt, kann ich das nicht ignorieren),
- **und wütend wird, bleibe ich bei dem, was ich sagte**/(und wütend wird, gebe ich nach),
- (verliere ich die Kontrolle und tue Dinge, die ich gar nicht tun wollte)/**habe ich mich unter Kontrolle,**
- **kann ich mich schnell wieder beruhigen**/(bin ich oft längere Zeit sehr verärgert),
- **setze ich dem Verhalten meines Kindes Grenzen**/(lasse ich mein Kind machen, was es will),
- **werde ich so gut wie nie ausfallend**/(werde ich fast immer ausfallend oder fluche),
- **gehe ich damit um, ohne mich aufzuregen**/(bin ich so frustriert oder verärgert, dass mein Kind es mir deutlich anmerkt).

Die Items, bei denen sich signifikante Änderungen durch das Rendsburger Elterntraining zeigten, gehören zu den Skalen „Nachgiebigkeit" und „Überreaktion", die sich wiederum beziehen auf die Aspekte „Reizbarkeit", „Unbeherrschtheit" und „verbale bzw. körperliche Aggressivität" (Lösel, Beelmann, Jaursch, Scherer, Stemmler & Wallner 2003).

Zusammenfassend kann festgehalten werden, dass die Eltern nach dem Elterntraining angaben, besser Grenzen setzen zu können, konsequent zu sein und unangemessenes Verhalten des Kindes zu löschen, zu ignorieren. Darüber hinaus stellten die Eltern fest, ruhig, gelassen und freundlich gegenüber dem Kind zu bleiben und sich selbst kontrollieren zu können. Dies sind ausnahmslos Effekte in der erwünschten Richtung. Sie spiegeln Änderungen in relevanten Aspekten des elterlichen Erziehungsverhaltens wider. Gerade auch in dem Bereich „Grenzen setzen und konsequent sein" äußern die Eltern zu Beginn der Kurse regelmäßig, dass sie sich hier mehr Kompetenz wünschen. Ruhigeres, gelasseneres Verhalten der Eltern gegenüber ihren Kindern wirkt sich zudem auch unmittelbar auf die Befindlichkeit der Kinder aus, indem einerseits Stressfaktoren für die Kinder reduziert werden und andererseits ein vertrauensvolles Verhältnis zu den Eltern dadurch gefördert wird.

Die PARS erfasst allerdings primär verhaltenstherapeutische Themen wie „Grenzsetzung" und „Konsequenz" und nicht alle Aspekte des Erziehungsverhaltens, die durch das Elterntraining verändert werden. So werden elterliche Verhaltensweisen, die sich auf Elemente aus der Gesprächstherapie und der Kommunikationstheorie beziehen, wie Empathie, liebevolles Verständnis und das Äußern von Gefühlen, nicht erfragt. Insofern bilden die Ergebnisse nur einen Teil der Effekte des Elterntrainings ab und erlauben keine Aussagen zu den anderen Teilen des Programms.

Weitere Erhebungen zu diesen Elementen des Elterntrainings sind daher wünschenswert. Die dargestellten Ergebnisse der PARS decken sich jedoch mit den in den Abschlussfragebögen zum Elterntraining von den Eltern festgestellten Veränderungen und Bewertungen.

Inhaltlich wurden folgende Items signifikant oder hochsignifikant verringert:
- Mutter/Vater zu sein, ist zwar schön, aber im Moment macht mir das Alter, in dem mein Kind sich befindet, zu schaffen.
- Am Ende eines Tages habe ich oft das Gefühl, nicht viel erreicht zu haben.
- Ich weiß nicht, woran es liegt, aber manchmal habe ich das Gefühl, ich werde manipuliert, obwohl ich eigentlich Kontrolle ausüben sollte.
- Meine Mutter/mein Vater war besser vorbereitet, eine gute Mutter/ein guter Vater zu sein, als ich es bin.
- Manchmal habe ich das Gefühl, nichts auf die Reihe zu bekommen.
- Mutter/Vater zu sein, macht mich nervös und ungeduldig.

Folgende Items wurden signifikant erhöht:
- Probleme, die sich einer Mutter/einem Vater stellen, lassen sich in der Regel lösen.
- Ich glaube, dass ich alle notwendigen Fähigkeiten einer guten Mutter/eines guten Vaters besitze.

Zusammenfassend lässt sich festhalten, dass im Empfinden der Eltern ihre Belastung durch Kindererziehung verringert wurde. Gleichzeitig gaben die Eltern nach dem Elterntraining an, mehr Kontrolle über den Erziehungsprozess zu haben und die Erziehung bzw. die Kinder besser lenken zu können. Insgesamt ist dadurch die Selbstwirksamkeit gestiegen und die Eltern fühlen sich in der Erziehung kompetenter, sicherer, zuversichtlicher und gelassener. Die Items, bei denen sich signifikante Veränderungen zeigten, gehören v. a. zu der Skala „Zufriedenheit", die als affektive Dimension der Erziehung beschrieben wird und im negativen Fall Unzufriedenheit im Sinne von Frustration, Angst und geringer Motivation umfasst. Veränderungen zeigten sich auch bei der Skala „Selbstwirksamkeit", die als instrumentelle Dimension der Erziehung gilt, mit den Aspekten Kompetenz, Problemlösefähigkeit und Vertrautsein mit Fragen der Erziehung (Lösel, Beelmann, Jaursch, Scherer, Stemmler & Wallner 2003).

Auch die PSOC erfasst nur Teile des vom Elterntraining veränderten Erziehungsverhaltens und lässt daher auch nur Aussagen zu einem Ausschnitt des Programms zu. Die Ergebnisse bilden jedoch auch hier zentrale Aspekte des elterlichen Erziehungsverhaltens ab. So ist Selbstwirksamkeit ein wesentlicher Faktor psychischer Gesundheit, in diesem Fall der Eltern. Entscheidend ist hier der subjektive Eindruck, die Dinge beeinflussen zu können, anstatt ihnen ausgeliefert zu sein (zum Konzept der Selbstwirksamkeit s. Bandura 1977; s. auch Werner 1982).

Außerdem können Eltern, die sich sicher in der Erziehung fühlen, Kindern eher die nötige Orientierung geben. Gleichzeitig verringern sich Schreien, Aggressionen, Wut und Handgreiflichkeiten, wenn Eltern sich nicht so schnell überfordert und hilflos fühlen. Insgesamt wird durch die veränderten Verhaltensweisen ein vertrauensvoller, der Persönlichkeitsentwicklung des Kindes förderlicher Umgang erreicht.

Zu berücksichtigen ist bei der Bewertung der Ergebnisse, dass die Eltern, die die Fragebögen zu beiden Erhebungszeitpunkten vollständig ausgefüllt haben, insofern eine Stichprobenselektion darstellen, als sie lesen und schreiben können. Dies ist nicht bei allen Eltern der Fall, so dass naturgemäß diese spezielle Subgruppe von Eltern durch die Ergebnisse nicht repräsentiert wird.

Die vorgelegte Studie bestätigt Veränderungen des Erziehungsverhaltens durch das Elterntraining in Richtung konsequenten Verhaltens, Grenzen setzen und respektvollen Umgangs miteinander sowie mehr Sicherheit und das Erleben von Selbstwirksamkeit in der Erziehung. Zukünftige Evaluationen sollten auch die in dieser Untersuchung nicht erfassten Veränderungen durch die gesprächstherapeutischen und kommunikationstheoretischen Elemente des Elterntrainings berücksichtigen.

Die meisten Gruppen treffen sich nach Kursende zumindest eine Zeit lang, manchmal auch über Jahre, selbstständig weiter. Natürlich treffen sich die Eltern nicht wöchentlich, sondern meist einmal im Monat, aber es bilden sich auch, oft schon während der Kurse, regelrechte Freundschaften aus, so dass die Eltern sich auch gegenseitig ganz praktisch unterstützen, z. B. bei der Kinderbetreuung. Dies ist im Sinne der Hilfe zur Selbsthilfe äußerst wünschenswert. Das soziale Netz der Familien wird auf diese Weise erweitert und die Nachhaltigkeit der Kurse wird dadurch unterstützt.

Zur Frage der Nachhaltigkeit geben Fallvignetten von Familien Hinweise, zu denen aus unterschiedlichen Gründen noch weiter Kontakt bestand. So wünschenswert eine systematische Katamnese zweifellos wäre, so musste doch festgestellt werden, dass sich hier erhebliche Schwierigkeiten zeigten. Auf Grund der besonderen Bedingungen der Klientel, in diesem Fall der hohen Mobilität der Eltern, erwies sich die Erhebung katamnestischer Daten zwei Jahre nach Ende der Kurse als undurchführbar. Der größte Teil der Eltern war unter der vormals gültigen Adresse nicht mehr erreichbar, so dass eine systematische Erhebung von Daten nicht möglich war.

Immer wieder wird jedoch an Äußerungen der Eltern implizit deutlich, dass ihnen das neu erlernte Erziehungsverhalten „in Fleisch und Blut" übergegangen ist. Es fällt ihnen nicht mehr als neues Verhalten auf, sondern sie äußern: „Das ist doch normal!" Oder die Eltern sagen: „Ich merke erst hinterher, dass ich das angewendet habe." D. h. sie haben das neue Verhalten so in ihr Verhaltensrepertoire integriert, dass es ihnen nicht mehr besonders auffällt und sie sich auch nicht mehr besonders vornehmen müssen, sich so zu verhalten, und genau das ist ja das Ziel. Gelegentlich äußern Eltern den Wunsch, den Kurs noch einmal zu wiederholen. Das ist unmittelbar plausibel, wenn sie aus Krankheitsgründen viel gefehlt haben. Manchmal bitten aber auch andere Eltern darum. Dann zeigt sich oft, dass sie die Inhalte des Kurses sehr wohl beherrschen und ein deutlicher Unterschied besteht zu den erstmals teilnehmenden Eltern. Sie haben das neue Verhalten in ihr Verhaltensrepertoire integriert. Es ist dann eher das Gruppenerlebnis, das die Eltern sich, ohne dass es ihnen bewusst ist, nochmals wünschen, oder auch die Möglichkeit, ohne großen Aufwand jede Woche Fachkräfte um Rat fragen zu können, die sie als entlastend empfinden.

4.3 Wirkung des Elterntrainings

Die Wirkungsfaktoren des Rendsburger Elterntrainings sind nicht nur für dieses relevant, sondern lassen sich sinngemäß auf andere Formen der Elternarbeit übertragen und gelten auch für diese. Es wird davon ausgegangen, dass Eltern Erziehungsfehler nicht vorsätzlich machen. Es geht daher nicht darum, Eltern für bisherige Fehler anzuklagen und zur Rechenschaft zu ziehen. Schuldzuweisungen sind kontraproduktiv, da sie Veränderungen eher behindern. Vielmehr wird am emotionalen Interesse der Eltern an ihren Kindern und am Leidensdruck der Eltern angesetzt. Vorhandene Ressourcen werden aktiviert und die Motivation für Veränderungen wird gestärkt, indem reale Möglichkeiten und Wege zu einem konfliktfreieren, zufriedeneren Zusammenleben für beide Seiten aufgezeigt und erlernt werden.

Damit wird die Erziehungs- und Problemlösekompetenz der Eltern deutlich gestärkt und Familien werden im Sinne von Hilfe zur Selbsthilfe unabhängiger von externer Hilfe. Eltern werden darin unterstützt, ihre Erziehungsverantwortung besser wahrzunehmen.

4.3.1 Empathie

Die Empathiefähigkeit der Eltern ist anfangs oftmals sehr gering. Die Kinder werden eher als belastend und die eigenen Möglichkeiten einschränkend erlebt.

Durch diese Konstellation kann es auch zum Einsatz von Gewalt kommen. Die Eltern bedauern dies häufig und sind an Änderung interessiert, kennen jedoch keine anderen Möglichkeiten der Erziehung.

Viele Eltern, die an den Kursen teilgenommen haben, haben eine eigene hoch belastete Geschichte. Sie sind entweder als Kinder oder Jugendliche selbst im Heim oder bei Pflegeeltern aufgewachsen oder wurden durch die eigenen Eltern schwer vernachlässigt. Viele waren traumatisiert durch Gewalt, sexuellen Missbrauch/Vergewaltigung oder extreme Ablehnung durch die eigenen Eltern. Einige waren zuvor in z. T. stationärer Psychotherapie gewesen.

Manche Eltern äußern zu Beginn der Kurse, dass sie am Ende ihrer Kräfte seien, nicht mehr können und sich alleingelassen und überfordert fühlen.

Die Auseinandersetzung mit Gefühlen, wie sie v. a. in der gesprächstherapeutischen Phase geschieht, wirkt hier in zweifacher Weise:

Zum einen werden das Verständnis und der Zugang zu den Kindern erleichtert und verbessert. Gleichzeitig hat dieser Teil aber für die Eltern mit den oben geschilderten Problemen auch noch besondere Bedeutung: Durch die akzeptierende Atmosphäre des Kurses ist es ihnen angstfrei möglich, sich ihren Gefühlen und denen ihrer Kinder zu nähern und sich damit auseinander zu setzen.

Häufig äußern die Eltern, sie seien erstaunt, welche Gefühle sich hinter den Verhaltensweisen der Kinder verbergen bzw. durch welche Gefühle Verhaltensweisen zustande kommen. Häufig unterstellen die Eltern den Kindern Trotz, Bockigkeit o. Ä. und erkennen nicht die dahinterstehenden Gefühle und Bedürfnisse der Kinder. Mit den im Elterntraining erlernten Methoden wird es den Eltern dann in ganz anderer Weise möglich, auf die Kinder einzugehen, die wahren Zusammenhänge zu erkennen und dann angemessen und förderlich damit umzugehen. Unangemessene Attributionen („Der will mich provozieren") nehmen ab.

Es fällt den Eltern oftmals zunächst nicht leicht, das Kind als Mensch mit eigenen Bedürfnissen zu akzeptieren und zu respektieren und andererseits angemessene Grenzen zu setzen, zumal die neu erlernten Verhaltensweisen zunächst mehr Anstrengung bedeuten gegenüber dem zuvor eingesetzten Erziehungsverhalten und die psychischen Kräfte, wie erwähnt, meist sehr begrenzt sind.

Zwei Faktoren ermöglichen es den Eltern dennoch, das Gelernte in die Praxis umzusetzen: Einerseits merken sie, dass durch das neue Verhalten Konflikte abnehmen und mehr Harmonie in der Familie einkehrt. Dies wirkt unmittelbar motivierend.

Andererseits erleben die sehr belasteten Eltern im Elterntraining selbst Empathie, Akzeptanz und Wertschätzung ihrer Person und auch ihrer Probleme. Dies ist für diese Eltern mit der eingangs skizzierten Vorgeschichte meist eine neue Erfahrung, die sie ganz unmittelbar entlastet und auch Bereitschaft zu Veränderungen schafft, weil so Kräfte freigesetzt bzw. entwickelt werden.

> *Wenn Du ein Schiff bauen willst,*
> *so trommle nicht Männer zusammen,*
> *um Holz zu beschaffen, Werkzeuge vorzubereiten,*
> *die Arbeit einzuteilen und Aufgaben zu vergeben,*
> *sondern lehre die Männer Sehnsucht nach dem endlosen weiten Meer!*
> Antoine de Saint-Exupery

4.3.2 Positives Modell

Die Eltern erleben im Elterntraining modellhaft das Verhalten, das sie gegenüber ihren Kindern zeigen sollen, und werden auf diese Weise in die Lage versetzt, ihren Kindern ihrerseits Wertschätzung, Akzeptanz und Empathie entgegenzubringen.

Denn trotz ihrer hohen eigenen psychischen Belastung haben viele Eltern den Wunsch und den Willen, „es für ihre Kinder besser zu machen" und ihnen gerade die selbst erlebten Verletzungen zu ersparen. Gleichzeitig äußern die Eltern aber oft, dass sie nicht recht wissen, wie sie dies umsetzen können, da ihnen sowohl ein positives Modell als auch das Wissen dazu fehle.

Darüber hinaus fehlt ihnen manchmal auch jeder Maßstab in Hinblick auf altersgemäßes Verhalten ihrer Kinder, und komplementär dazu fehlen ebenso Vorstellungen, wie sie sich selbst dazu verhalten könnten. So wird gelegentlich völlig angemessenes, entwicklungsbedingtes Verhalten der Kinder als „ärgern" oder „stören" interpretiert. Z. T. wird sogar versucht, positives Verhalten zu unterbinden und zu sanktionieren. Dadurch entstehen unnötige Konflikte, die im Laufe der Zeit erfahrungsgemäß zu Wut und daraus folgendem aggressivem Verhalten bei den Kindern führen würden.

Auf der anderen Seite werden die Kinder durch unangemessene Ansprüche überfordert, was ebenfalls zu entsprechenden Konflikten führt. Beispiele dafür sind eine Mutter, die über ihr neun Monate altes Kind sagt, sie habe ihm immer wieder verboten, alles in den Mund zu stecken, aber es höre einfach nicht! Oder eine Mutter, die beklagt, dass ihr zweijähriges Kind beim Abwaschen das Besteck immer ins Wasser werfe, so dass es spritzt, und die Vermutung äußert, ihr Kind wolle sie ärgern. Oder die Mutter eines vierjährigen Kindes, die berichtet, ihr Kind nässe ein und sie verlange dann von ihm, das Bett frisch zu beziehen. In diesen Fällen müssen die Eltern ganz einfach über altersgemäßes Verhalten ihrer Kinder aufgeklärt werden, so dass sie ihr eigenes Verhalten dann entsprechend modifizieren können. Gerade um das Explorationsverhalten kleiner Kinder zu erklären und den Eltern verständlich zu machen, hat sich folgender anschaulicher Vergleich bewährt:

Kleine Kinder erforschen die Welt

Ihr kleines Kind muss die Welt erst kennen lernen! Alles ist neu und alles will erforscht werden. Stellen Sie sich vor, sie wären auf einem fremden Planeten gelandet, wo sie die Sprache nicht sprechen und nicht wissen, wie alles funktioniert und wie man sich dort verhält. Was würden Sie tun?

Nun, mit Sicherheit würden sie einfach alles Mögliche ausprobieren, um herauszufinden, wie man sich auf diesem Planeten richtig verhält und wie was funktioniert. Genauso geht es Ihrem Kind! Es probiert Dinge und Verhaltensweisen aus und lernt dadurch, wie unsere Welt funktioniert.

Helfen Sie Ihrem Kind dabei, die Welt zu entdecken und zu erforschen! Geben Sie Ihrem Kind die Möglichkeit, viele Dinge auszuprobieren! Und lenken Sie Ihr Kind durch freundliche Hinweise. Woher soll Ihr Kind wissen, was es darf und was es nicht darf? Was man in unserer Welt machen kann und was nicht? Was gefährlich ist und was nicht? Dabei braucht es Ihre Hilfe und Anleitung!

Dabei muss Ihr Kind alles mehrfach ausprobieren, um zu lernen, wie es wirklich funktioniert. Es wird zum Beispiel einen Bauklotz immer wieder herunterfallen lassen, um festzustellen, ob der Bauklotz jedes Mal nach unten fällt. Vielleicht fällt er ja beim nächsten Mal nach oben?

Genauso ist es in Situationen, in denen Sie Ihrem Kind etwas verbieten: Es wird mehrfach dasselbe versuchen, um herauszufinden, ob Sie jedes Mal mit einem Verbot reagieren. Vielleicht war es ja nur Zufall oder Sie haben es verboten, weil die Sonne scheint oder weil Mittwoch ist? Erst wenn Ihr Kind mehrfach dasselbe Verhalten ausprobiert und Sie jedes Mal gleich darauf reagieren, kann es lernen, dass immer die gleiche Reaktion erfolgt und ein Verbot zum Beispiel ständig gilt. Wenn Ihr Kind also ein Verbot, das Sie aussprechen, zunächst übertritt, so heißt dies nicht, dass es Sie ärgern will! Vielmehr muss es zunächst durch Versuch feststellen, ob dies immer gilt. Es macht also eigentlich ein Experiment. Helfen Sie ihm dabei, indem Sie geduldig immer wieder gleich und damit für das Kind vorhersehbar reagieren!

Oder stellen Sie sich vor, Sie haben gerade einen DVD-Recorder gekauft und die Gebrauchsanleitung fehlt. Sie wissen noch nicht, wie er funktioniert. Was tun Sie? Sie probieren die verschiedenen Knöpfe aus und werden so nach und nach herausfinden, wie das Gerät funktioniert. Genauso ergeht es Ihrem Kind, wenn es die Welt kennen lernt: denn es hat keine Gebrauchsanweisung für unsere Welt! Aber es hat Sie als Eltern, um ihm bei dieser spannenden Forschungsreise zu helfen!

Übrigens brauchen kleinere Kinder oder auch Kinder mit Lernschwierigkeiten oder mit Behinderungen mehr Wiederholungen, um Dinge zu lernen. Wenn Sie diesem Kind eine Anweisung geben, so sollte diese nur höchstens drei Dinge auf einmal umfassen und diese Dinge sollten genau benannt werden. Wenn Ihr Kind etwas Bestimmtes tun oder lassen soll, ist es günstig, dem Kind nach Möglichkeit zu sagen, was es tun soll, und nicht, was es *nicht* tun soll!

Überlegen Sie doch einmal: Was bleibt von der folgenden Anweisung in Erinnerung? „Nicht hampeln!" → „Hampeln!" Besser wäre es, zu sagen: „Sitz still!" → „Still!" (Biddulph 1999, S. 44 ff.).

Denken Sie auch daran, dass man nur etwas lernen kann, wenn man auch einmal etwas falsch macht! Kinder sind, wie alle Menschen, nicht perfekt. Sie müssen alles erst lernen und dabei müssen wir ihnen helfen. Dabei sollten wir nicht über Fehler schimpfen, sondern diese als Lernchancen begreifen und das den Kindern auch so sagen. Nur dann können Kinder ohne Angst lernen, sich an Neues heranwagen und Dinge ausprobieren! Wenn ein Kind sagt: „Das kann ich nicht!", obwohl Sie glauben, dass es das doch kann, sollten Sie fragen: „Was würde dir helfen, das … (Erwünschte) zu tun?" oder „Was brauchst du, damit du es kannst?" (Also nicht: „Wieso geht es nicht?"). Damit vermitteln Sie dem Kind, dass man auch Dinge schaffen kann, die man sich im ersten Moment nicht zutraut. Dass man etwas dafür tun kann, es doch hinzubekommen. Außerdem regen Sie Ihr Kind dadurch dazu an, selbst zu überlegen, wie es etwas doch erreichen könnte. Wenn es dann Erfolg hat, sollten Sie es fragen: „Wie hast Du das denn geschafft?" Dadurch vermitteln Sie Ihrem Kind, dass der Erfolg nicht etwa zufällig eingetreten ist, sondern auf seine Anstrengungen zurückzuführen ist! Damit lernt Ihr Kind, dass es etwas erreichen kann, wenn es sich bemüht, und dass es die Dinge um sich herum beeinflussen kann. Diese Überzeugung ist ein wesentlicher Beitrag zur seelischen Gesundheit!

Der erste Beweis,
dass ein junger Mensch klüger geworden,
ist, wenn er anfängt, Dinge,
die ihm immer ganz begreiflich und natürlich vorkamen,
nicht zu verstehen.
Franz Grillparzer

Die im Elterntraining angewandten Methoden des eingehenden praktischen Übens und Sich-Hineinversetzens in verschiedene Rollen erleichtern den Eltern den Zugang zu Themen, die ihnen vorher verschlossen waren, führen zu einer emotionalen Öffnung und in der Folge zu einer Erweiterung des Handlungsrepertoires.

Indem die Eltern andere Eltern in der Gruppe bei Übungen beobachten, stellt sich über die Spiegelneuronen ein Lerneffekt auch bei den

Beobachtern ein! Dies ist ein wesentlicher Vorteil der Gruppensituation. Dasselbe gilt auch für die Beobachtung des Trainerverhaltens. Auch dadurch lernen die Eltern das Verhalten, das sie gegenüber ihren Kindern realisieren sollen.

4.3.3 Kommunikationskompetenz

Deutlich wird immer wieder, wie mangelnde Kommunikation zwischen Eltern und Kindern und mangelnde Kommunikationskompetenz die Beziehung und den Umgang von Eltern und Kindern belasten und zu unnötigen Missverständnissen oder zu dem Eindruck führen, nicht verstanden zu werden. Von beiden Seiten wird dann vorsätzliches Handeln mit negativer Absicht unterstellt, was wiederum sanktionierende Handlungen und damit Konflikte nach sich zieht. Diesen Teufelskreis können die Familien verlassen, sobald sie genügend Kommunikationskompetenz erworben haben, um die Verständigung eindeutiger zu gestalten, Unklarheiten aktiv zu klären oder von vornherein stärker auf die Bedürfnisse des anderen einzugehen bzw. die eigenen Bedürfnisse klar zu äußern. Dazu bekommen die Familien im Elterntraining vielfältige Mittel an die Hand, die jeweils intensiv eingeübt werden.

4.3.4 Verhaltenstherapeutische Methoden

Inkonsistentes Erziehungsverhalten ist ein weiteres weit verbreitetes Problem, das zu Konflikten und Verhaltensauffälligkeiten bei den Kindern führt. Das Erlernen der grundlegenden lernpsychologischen Gesetzmäßigkeiten versetzt die Eltern zusätzlich zu den beschriebenen Effekten nicht nur in die Lage, das Verhalten ihrer Kinder besser zu verstehen, sondern es wird v. a. dazu eingesetzt, Verhalten gezielt unter Einsatz verhaltenstherapeutischer Methoden zu verändern. Hier hat sich gezeigt, dass bereits der Einsatz einfachen Kontingenzmanagements zu weit reichenden Veränderungen bei den Kindern führt, wenn er gezielt und konsequent erfolgt und intensiv praktisch eingeübt wird. Auch Grenzen setzen und konsequent sein wird auf dieser Basis eingehend trainiert, wobei hier auch Elemente assertiven Trainings zum

Tragen kommen. Die lerntheoretische Phase hat für Eltern von Kindern mit ADHS naturgemäß eine besonders hohe Bedeutung, gibt aber natürlich auch allen anderen Eltern unabhängig vom Alter ihrer Kinder wesentliche Hilfen in der Erziehung an die Hand.

4.3.5 Selbstwirksamkeit

Durch die vielfältigen Möglichkeiten, die die Eltern im Rendsburger Elterntraining erlernen und einsetzen, fühlen sie sich nicht nur sicherer, sondern auch erfolgreicher in der Erziehung, was zur psychischen Stabilisierung der Eltern, aber auch der Kinder, beiträgt.

Die Erfahrung, die Kinder in ihrem Verhalten effektiv beeinflussen zu können und Verhaltensänderungen durch das eigene Erziehungsverhalten herbeizuführen, gibt den Eltern das Gefühl der Selbstwirksamkeit zurück und stärkt ihr Selbstbewusstsein. Dadurch nimmt das Gefühl der Hilflosigkeit bei ihnen ab und in demselben Maße verringern sich Schreien, Aggressionen, Wut und Handgreiflichkeiten der Eltern.

Bei den Kindern ist zu beobachten, dass sie auf das veränderte Erziehungsverhalten der Eltern mit Freude und Erleichterung reagieren und von sich aus weitere Schritte auf die Eltern zu machen, so dass die Interaktion insgesamt verbessert und intensiviert wird. So erleben sich Eltern und Kinder nicht, wie bisher oft, als Quelle von Ärger, Belastung und Versagen, sondern wechselseitig als Quelle positiver Erfahrungen, Freude und Erfolg. Dadurch wird auch das Selbstbewusstsein der Kinder wesentlich gestärkt, die Kinder stehen weniger unter Stress und zeigen weniger Verhaltensauffälligkeiten oder diese entstehen gar nicht erst. Dieser Prozess wird durch die aktive Einbeziehung der Kinder in das Elterntraining an ausgewählten Stellen unterstützt.

Die emotionale Beziehung zwischen Eltern und Kind wird als Grundlage betrachtet, auf der dann im weiteren Verlauf auch verhaltenstherapeutische Techniken effektiv eingesetzt werden können. Dabei ist von besonderer Bedeutung, dass ein Großteil der Eltern, die Jugendhilfe in Anspruch nehmen, wie bereits erwähnt, selbst traumatisiert ist und daher häufig nur eingeschränkt Zugang v. a. zu den eigenen Gefühlen, aber auch zu den Gefühlen der Kinder hat.

Fehlende emotionale Wärme, Zuwendung und Empathie führen zu unsicheren Bindungen bei den Kindern, was sich in für die Eltern belastenden Verhaltensweisen der Kinder zeigt. Häufig reagieren Eltern darauf in ineffektiver Weise, so dass die Eltern den Eindruck gewinnen, sie könnten sowieso nichts ausrichten bzw. man könne nichts tun. Die daraus entstehenden Frustrationen der Eltern verringern dann wiederum deren Anstrengungen, sich liebevoll und adäquat mit den Kindern zu beschäftigen. So entsteht eine Abwärtsspirale, die zu immer stärkeren Konflikten bei Eltern und Kindern führt.

Das Elterntraining setzt hier an, indem es auch die emotionale Nähe zwischen Eltern und Kindern fördert und beiden Seiten gemeinsame Interaktionen (wieder) als angenehm und erfolgreich erlebbar macht.

Wenn Eltern sich selbst in der Erziehung wieder als wirksam und den Erziehungsprozess als belohnend erleben, ermutigt sie dies zu weiteren Verhaltensänderungen.

4.3.6 Die grundlegende Haltung

Neben den notwendigen Arbeitsmethoden und Techniken und den inhaltlichen Zusammenhängen sind bestimmte Grundhaltungen entscheidend, die Verhaltensänderungen bei den Eltern fördern und erleichtern und insofern essentieller Bestandteil des Elterntrainings sind. Sie repräsentieren die dem Elterntraining zugrunde liegenden Einstellungen und Wertesysteme (s. dazu auch Kapitel 1.1 und 1.2).

Das Elterntraining arbeitet ressourcenorientiert, sucht vorhandene Stärken, Fähigkeiten und Kompetenzen der Eltern und setzt an diesen an.

Es wird davon ausgegangen, dass Akzeptanz und Wertschätzung grundlegende Voraussetzungen darstellen, um Veränderungen bei den Eltern zu bewirken. Die Eltern werden ermutigt und unterstützt, es werden keine Schuldzuweisungen vorgenommen. Die unbedingte Wertschätzung der Eltern als Menschen, unabhängig von bisherigen oder aktuellen Schwächen, Fehlentwicklungen und Problemen, bestimmt das Verhalten der Trainer. Diese Einstellung sollte nicht etwa im Sinne einer vordergründigen „pädagogischen" Haltung oder gar als Schauspielerei missverstanden werden. Vielmehr muss sie der ehrlichen Überzeugung der Trainer entsprechen. Dies ist auch problemlos möglich, wenn man sich vergegenwärtigt, wie schwer es für die Eltern ist, neues Verhalten zu erlernen und im Erziehungsalltag umzusetzen. Die Trainer realisieren so im Kontakt zu den Eltern einerseits Grundvariablen aus der klientenzentrierten Gesprächstherapie wie Wertschätzung, Echtheit und Verbalisierung emotionaler Erlebnisinhalte. Gleichzeitig werden aber auch positive Verstärkung und Shaping als verhaltenstherapeutische Methoden systematisch und konsequent eingesetzt und eingeübt.

> *Es ist nicht genug zu wissen,*
> *man muss auch anwenden;*
> *es ist nicht genug zu wollen,*
> *man muss auch tun.*
> Johann Wolfgang von Goethe

4.4 Veränderungen der Klientel, der Inhalte und der Methoden

In der Zeit seit der Entwicklung des Elterntrainings im Jahr 1976 hat sich die Klientel in mehreren Merkmalen verändert, was im Laufe der Jahre zu einer Weiterentwicklung des Elterntrainings in Inhalten und Methoden führte.

Was den Erziehungsstil betrifft, so ging es anfangs bei der Mehrzahl der Eltern darum, sie dazu zu bewegen, sich ihren Kindern gegenüber weniger autoritär zu verhalten. Heute ist dies bei einer geringeren Anzahl von Eltern das hervorstechende Problem. Viele Eltern haben dagegen heute große Schwierigkeiten, ihren Kindern Grenzen zu setzen und sich ihnen gegenüber konsequent zu verhalten. Aus diesem Grund wurden Einheiten eingefügt, die sich speziell mit diesem Problem beschäftigen und die Eltern in diesem Erziehungsverhalten trainieren, so dass dieser Teil ein stärkeres Gewicht erhalten hat.

Damit zusammen hängt auch eine veränderte Anspruchshaltung der Eltern. Während vor Jahren viele Eltern froh und dankbar waren, dass sie Hilfe bei der Erziehung erhielten, herrscht heute bei vielen Eltern eine Konsum- und Anspruchshaltung vor, mit der sie die Lösung ihrer Probleme wie selbstverständlich von anderen bzw. vom Staat erwarten und verlangen.

So ist seit einiger Zeit zusätzlich zu der Erziehungsunfähigkeit bei einem Teil der Eltern eine Erziehungs*unwilligkeit* festzustellen. Manche Eltern lehnen es in zunehmendem Maße ab, die mit der Erziehung von Kindern verbundenen Mühen noch auf sich zu nehmen. Sie empfinden diese Anstrengungen als unzumutbare Last, der sie sich nicht gewachsen fühlen und die sie an öffentliche Institutionen delegieren möchten. Hierin manifestiert sich einerseits eine allgemeine Tendenz, Unlust und Anstrengung jeder Art generell zu vermeiden. Die Belastbarkeit vieler Eltern ist heute deutlich geringer als in den Anfangszeiten des Elterntrainings. Andererseits ist diese Haltung aber auch Ausdruck und Folge der eigenen emotionalen Bedürftigkeit der Eltern. Häufig sind sie in ihrer eigenen Kindheit vernachlässigt worden oder sind durch Gewalt und andere traumatische Erlebnisse belastet. Dadurch fehlt ihnen oft die emotionale Grundlage, um ihren eigenen Kindern Liebe und Zuwendung zu geben. Es ist schwierig, etwas weiterzugeben, das man selbst nicht bekommen hat. Man kann anderen nur das beibringen, was man selbst gelernt hat. Immer wieder gibt es aber auch Gegenbeispiele resilienter Eltern, die trotz schlimmster Erlebnisse in der eigenen Kindheit und Jugend ihren Kinder Liebe und Zuwendung geben können und dadurch den Teufelskreis emotionaler Defizite durchbrechen.

Diese Eltern müssen ermutigt werden, Hilfen, die ihre eigene Kompetenz erhöhen, anzunehmen und ihre Verantwortlichkeit gegenüber ihren Kindern wahrzunehmen, um damit langfristig von institutioneller Hilfe unabhängig zu werden.

So kann es im Verlauf des Elterntrainings durchaus notwendig werden, den Eltern ihre Verantwortung nachdrücklich vor Augen zu führen und deutlich zu machen, dass Erziehung anstrengend und mühevoll sein kann und *Arbeit* bedeutet. Arbeit, die Eltern leisten müssen und bei der z. B. das Elterntraining Hilfestellung bietet. Die Eltern merken im Verlauf eines Kurses in der Regel sehr schnell, dass ihnen das Elterntraining praktische und wirksame Hilfe bietet und setzen dies meist auch sehr schnell und entschlossen in die Praxis um. Viele äußern im Verlauf oder am Ende eines Kurses: „So einen Kurs hätte man schon früher machen müssen." oder „Eigentlich müsste jeder so einen Kurs machen, bevor er Kinder kriegt." Insofern sind sie froh darüber, endlich effektive Hilfe zu bekommen. Das im Verlauf eines Elterntrainings erarbeitete Vertrauensverhältnis zwischen Eltern und Trainern ermöglicht es aber auch, bei Bedarf den Eltern ihre Fürsorge- und Erziehungspflicht nachhaltig bewusst zu machen.

Ein weiterer Faktor, der sich im Laufe der Jahre verändert hat, ist die Vermittlung von Erziehungsgrundwissen. Von jeher musste damit gerechnet werden, dass sich auch Analphabeten unter den Eltern befinden. Dies muss unter verschiedenen Aspekten in der Elternarbeit berücksichtigt werden. Zunehmend haben aber viele Eltern insgesamt Schwierigkeiten im Umgang mit der Schriftsprache. Dies führte im Elterntrainingsprogramm dazu, dass Merkblätter zwar weiterhin zur Stützung der vermittelten Inhalte benutzt werden. Jedoch wird ein Großteil des Stoffes über das Medium vermittelt, das allen Eltern vertraut ist: Film bzw. DVD. Es entstanden mehrere Lehrfilme, die die wesentlichen Inhalte anschaulich und auf einfache Weise vermitteln. Diese Filme entstanden unter Einbeziehung von Eltern, Kindern und Mitarbeitern in Eigenproduktion (s. dazu Egert 1991). Sie sind technisch und darstellerisch nicht perfekt, haben sich aber im Einsatz bei den Eltern bewährt.

4.5 Grenzen

So effektiv und erfolgreich das Elterntraining in vielen Fällen ist, kann es jedoch selbstverständlich nicht alle Probleme von Familien lösen und ist nicht für alle Eltern geeignet. Es beschränkt sich explizit auf Erziehungsfragen und kann und will weder Partnerschaftsprobleme noch soziale Probleme oder persönliche Probleme der Eltern lösen.

Stehen Probleme aus diesem Themenkreis *im Vordergrund* der Problematik, sollte zu anderen Methoden gegriffen werden. Den Eltern wird dies auch am Anfang deutlich gesagt, damit sie wissen, worauf sie sich einlassen und was sie nicht zu befürchten brauchen. Es handelt sich nicht um eine Selbsterfahrungsgruppe und niemand muss sein Innerstes nach außen kehren. Dies ist für viele Eltern eine wichtige

Voraussetzung zur angstfreien Teilnahme. Den Eltern, die gerade die andere Art Hilfe suchen, sollten passende Ansprechpartner genannt werden.

Elterntraining ist auch keine Familientherapie, obwohl es deutliche Auswirkungen auf die ganze Familie hat. Es ist weder alternativ noch in Konkurrenz zur Familientherapie zu sehen, sondern eine Methode, die das Spektrum ergänzt.

Es ist durchaus denkbar, dass sowohl Elterntraining wie auch Familientherapie bei einer Familie zum Einsatz kommen, allerdings sollte dies nicht gleichzeitig geschehen, da es die Familie mit Sicherheit überfordern würde.

Außerdem würde Methodenkonfusion bei den Eltern entstehen. Sie würden unbewusst und in bester Absicht die Standards, Verfahren und Regeln der einen Methode auf die andere übertragen und damit entweder die Elterntrainingsgruppe sprengen oder das familientherapeutische Setting erschweren.

Dasselbe gilt für die Person des Trainers und Therapeuten. Trainer und Therapeut sollten möglichst nicht identisch sein, denn es wäre unmöglich für die Eltern, Erwartungen und Verhaltensweisen in dem einen wie anderen Zusammenhang auseinander zu halten und sich situationsabhängig unterschiedlich zu verhalten. Auch ein unterschiedliches Verhalten des Trainers/Therapeuten würden sie häufig eher auf sich selbst als auf die Situation zurückführen.

Nacheinander eingesetzt können sich beide Methoden durchaus sinnvoll ergänzen. Sei es, dass nach einer erfolgreichen Familientherapie nun noch speziell das Erziehungsverhalten verändert und trainiert werden soll, oder sei es, dass im Laufe eines Elterntrainings deutlich wird, dass eine Familientherapie für eine bestimmte Familie zusätzlich sinnvoll wäre.

Dasselbe gilt für andere Therapien sowohl für die Eltern als auch für die Kinder. Auch hier kann sich gerade durch den intensiven Kontakt als zusätzlicher diagnostischer Effekt ergeben, dass bestimmte Therapien für einzelne Teilnehmer sinnvoll wären. Auf der Basis eines vertrauensvollen Kontaktes zwischen Eltern und Trainer lassen sich dann leichter zusätzliche Hilfen in die Wege leiten.

Bei schwerwiegenden, im Vordergrund stehenden persönlichen Problemen der Eltern, sofern sie denn vor Beginn des Elterntrainings bekannt sind, sollten jedoch, wie in Kapitel 1 bereits geschildert, nach Möglichkeit zunächst diese bearbeitet werden und ein Elterntraining sollte erst nach Stabilisierung in Betracht gezogen werden.

Zwar kann eine gut etablierte Gruppe auf Grund des entstandenen Vertrauens den einzelnen Teilnehmern durchaus Halt und Stütze bieten, wenn im Verlauf eines Elterntrainings akute Problemsituationen entstehen. Dies ist jedoch nicht primäres Ziel der Gruppe und des Elterntrainings.

Die geschilderten Effekte machen deutlich, was mit dem Rendsburger Elterntraining erreicht werden kann. Es muss jedoch betont werden, dass nicht bei jedem Elternteil der maximale Effekt eintritt. Es gibt eine Bandbreite von der Änderung der Erziehungs*einstellung* bis zur Veränderung des Erziehungs*verhaltens*. Wie groß der Effekt bei einem bestimmten Elternteil sein wird, lässt sich auch nach jahrzehntelanger Erfahrung nicht sicher prognostizieren. Daher sollte man immer alles versuchen; erst am Schluss wird man wissen, was erreicht wurde, und da gibt es immer wieder Überraschungen.

Nur die Sache ist verloren, die man aufgibt.
Freiherr von Feuchtersleben

5

Einsatzmöglichkeiten

Das Rendsburger Elterntraining und seine Bestandteile bieten verschiedene Einsatzmöglichkeiten.

In erster Linie sollte es natürlich als Kurs in der vollständigen curricularen Form durchgeführt werden. Das ausgefeilte, seit vielen Jahren bewährte, fein aufeinander abgestimmte Programm bietet, wie schon geschildert, vielfältige Vorteile für die Elternarbeit. Darüber hinaus können die einzelnen Bestandteile des Rendsburger Elterntrainings jedoch auch in verschiedenen anderen Bereichen sinnvoll eingesetzt und nutzbar gemacht werden.

Hier bietet sich zunächst der Einsatz in der Einzelfallarbeit mit Eltern an. Einzelne Teile des Elterntrainings können entweder mit einer Familie systematisch erarbeitet werden, oder es kommen alle erlernten Bestandteile in unsystematischer Weise von Fall zu Fall im Sinne einer veränderten Grundhaltung und insgesamt erweiterten Kompetenz der Trainer zum Tragen.

Die erlernten Fähigkeiten können außerdem bei jeder anderen Art von Elterngruppe, aber auch in der Gruppenarbeit mit anderen Personen eingesetzt werden.

Darüber hinaus sind die erlernten Methoden, Techniken und Einstellungen aber auch bei den betreuten Kindern und Jugendlichen direkt einsetzbar. Insofern profitieren Mitarbeiter im Gruppendienst oder in Kindertagesstätten oder Schulen hier oft doppelt, nicht nur für die Arbeit mit den Eltern, sondern auch für die Arbeit mit den Betreuten.

Das Elterntraining ist geeignet für
- Eltern/Bezugspersonen mit Erziehungsschwierigkeiten,
- Eltern/Bezugspersonen von verhaltensauffälligen Kindern,
- Eltern/Bezugspersonen, deren Kinder bereits in ambulanten oder teilstationären Jugendhilfemaßnahmen sind,
- Eltern/Bezugspersonen, deren Kinder stationär untergebracht sind und bei denen eine Rückführung gewünscht und/oder geplant ist.

Die Bedeutung von Elternarbeit in der Kinder- und Jugendlichen-Psychotherapie und in der Jugendhilfe ist heute unbestritten. Schon seit langem nimmt sie im ambulanten Bereich einen großen Raum ein und besitzt einen hohen Stellenwert.

Ambulante Arbeit mit Kindern ohne gleichzeitige Arbeit mit ihren Eltern ist heutzutage kaum noch denkbar. Das Elterntraining kann hier eine wertvolle Ergänzung der ambulanten Arbeit mit den Kindern sein und den Änderungsprozess beschleunigen.

Jedoch auch bei stationärer Unterbringung wird Elternarbeit ein immer höher werdender Stellenwert zuerkannt und diese systematischer und gezielter eingesetzt. Sicherlich gibt es zahlreiche Fälle von stationärer Unterbringung, bei denen eine Reintegration in die Familien auch langfristig nicht möglich oder wünschenswert erscheint. Für einen großen Teil der stationär untergebrachten Kinder ist die Zielsetzung jedoch, eine möglichst frühzeitige und dauerhafte Reintegration in ihre Familien. Elternarbeit zur Anbahnung, Vorbereitung und Begleitung der Reintegration ist hierbei um so hilfreicher, je zielgerichteter und systematischer sie ansetzt.

Dennoch ist gewiss nicht für alle in Heimen untergebrachten Kinder eine Reintegration ins Elternhaus anzustreben, und nicht für alle Eltern von Heimkindern wird ein Elterntraining das geeignete Mittel sein, um eine Reintegration der Kinder zu beschleunigen.

Die Entlassung des Kindes aus der Heimunterbringung kann auch keine automatische Folge der elterlichen Teilnahme am Elterntraining sein, vielmehr muss von Fall zu Fall nach Lage der Dinge entschieden werden, ob eine Rückführung des Kindes ins Elternhaus bereits erfolgen kann. Hierzu müssen, wie auch sonst üblich, alle bedeutsamen Aspekte in einem Hilfeplangespräch berücksichtigt werden und nicht allein die Teilnahme der Eltern am Elterntraining.

Einschränkungen der Effektivität können sich ergeben, wenn die Kinder nicht direkt in das Elterntraining mit einbezogen werden können, da sie auf viele und entfernte Einrichtungen verteilt sind. Die verschiedenen möglichen Organisationsformen des Elterntrainings bei stationärer Unterbringung zeigen die Infokästen 30, 31 und 32.

Infokasten 29: Organisationsformen des Elterntrainings bei stationärer Unterbringung (Variante A)

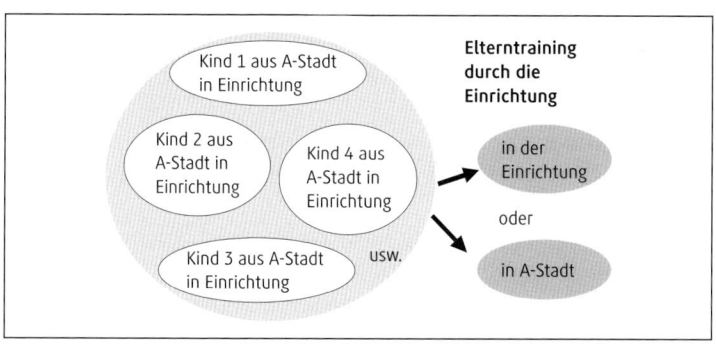

Infokasten 30: Organisationsformen des Elterntrainings bei stationärer Unterbringung (Variante B)

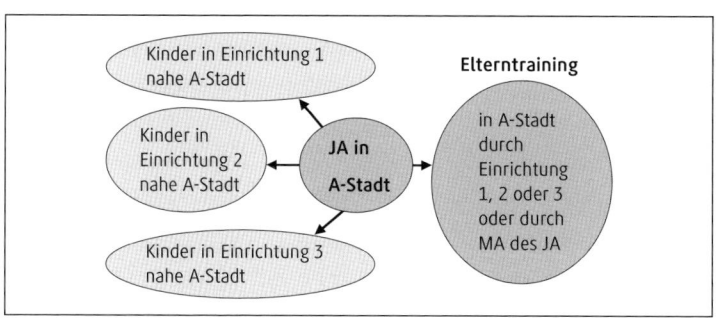

Einsatzmöglichkeiten

Infokasten 31: Organisationsformen des Elterntrainings bei stationärer Unterbringung (Variante C)

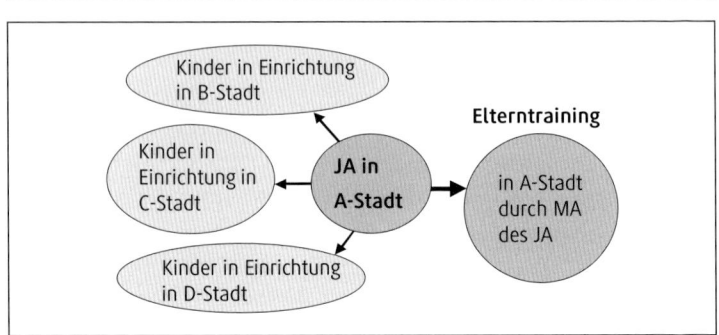

Durch die Durchführung in Gruppenform stellt das Elterntraining auch gleichzeitig eine sehr ökonomische Form der Elternarbeit dar, was wegen des zunehmenden Kostendrucks ein nicht zu vernachlässigender Aspekt ist, zumal Frequenz und Dauer von Einzelgesprächen mit Eltern während der Zeit des Elterntrainings erfahrungsgemäß reduziert werden können.

Das Rendsburger Elterntraining hat sich in verschiedenen Kontexten bewährt. Es eignet sich als Jugendhilfeangebot und kann hier, wie geschildert, sowohl präventiv als auch andere Maßnahmen begleitend eingesetzt werden.

Der präventive Einsatz kann z. B. über den ASD der Jugendämter erfolgen für Eltern, bei denen noch keine weitere Jugendhilfemaßnahme installiert ist und eine solche evtl. vermieden werden soll.

Das Elterntraining kann aber auch in Kombination mit anderen Jugendhilfeangeboten eingesetzt werden, um diese inhaltlich zu ergänzen, zu effektivieren, nachhaltiger zu gestalten oder zu verkürzen. Hier sind v. a. Sozialpädagogische Familienhilfe, Tagesgruppen, Fünf-Tage-Gruppen, Einzelfallhilfe und stationäre Jugendhilfe zu nennen.

Dabei können entweder die Eltern aus einer Hilfeform, z. B. die Eltern von Kindern einer Tagesgruppe, oder alle Eltern, die SPFH erhalten, zu einer Elterntrainingsgruppe zusammengefasst werden oder es wird eine gemischte Elterntrainingsgruppe mit Eltern verschiedener Hilfeformen bzw. ohne weitere Jugendhilfeunterstützung gebildet. Beides ist problemlos möglich und kann jeweils nach den örtlichen Bedingungen entschieden werden.

Es hat sich gezeigt, dass die Frequenz und die Länge der Einzelgespräche mit Eltern während der Dauer des Elterntrainings in der Regel reduziert werden kann. Dadurch ergibt sich gewöhnlich eine Einsparung von Zeit und Kosten.

Daneben ist aber auch ein Einsatz des Rendsburger Elterntrainings in Modellen wie etwa „Schule und Jugendhilfe" oder ein präventiver Einsatz in Kindertagesstätten möglich. Gerade in den Kindertagesstätten wird zunehmend intensivere Elternarbeit gefordert. Dies bedeutet auch, dass eine über die bisher oft üblichen Tür-und-Angel-Gespräche hinausgehende Kompetenz erforderlich ist. Für diese Kompetenzerweiterung bietet sich das Rendsburger Elterntraining durch seine praxisorientierte Arbeitsweise an. So kann in kompakter und strukturierter Form sowohl die Kompetenz der Mitarbeitenden erweitert werden als auch parallel dazu den Eltern vielfältige Möglichkeiten für die Kindererziehung an die Hand gegeben werden.

Die breiten Einsatzmöglichkeiten des Rendsburger Elterntrainings sowohl präventiv als auch Jugendhilfemaßnahmen begleitend oder seine Anwendung in Teilen in der allgemeinen Elternarbeit machen es zu einem sinnvollen, vielseitigen Mittel für Mitarbeiter in diesen Bereichen.

Natürlich eignet sich das Rendsburger Elterntraining in besonderem Maße auch zur Prävention. Wenn Erziehungsprobleme auftauchen oder absehbar sind, kann das Elterntraining so frühzeitig Weichen stellen, dass weitergehende Hilfen nicht mehr notwendig werden. Insbesondere für Eltern, die Rat suchen und dabei Erziehungsberatungsstellen, Kinderärzte, Jugendämter ansprechen oder von diesen angesprochen werden, kann das Elterntraining eine große Hilfe sein und schwerwiegendere Erziehungsprobleme vermeiden.

Es ist ohne weiteres möglich, Elterntrainings in gemischten Kursen sowohl mit Eltern von stationär untergebrachten Kindern als auch von ambulant betreuten Kindern als auch von Kindern, die bisher noch in keiner Hilfe untergebracht sind, bei denen also der präventive Aspekt ganz im Vordergrund steht, durchzuführen.

Zu allen drei Einsatzbereichen liegen jahrelange Erfahrungen vor, die bestätigen, dass die positiven Effekte dieser Trainings sowohl dazu beitragen, weitergehende Maßnahmen oder eine Unterbringung zu vermeiden, als auch die möglichst frühzeitige Reintegration der Kinder in die Familien zu fördern (s. dazu Egert-Rosenthal 1997).

Hinzu kommt ein Streu- und Multiplikatoreffekt, da das veränderte Erziehungsverhalten sich auch auf Geschwisterkinder auswirkt. Viele Eltern besprechen das Gelernte darüber hinaus auch mit Freunden, Bekannten oder Verwandten, so dass die tatsächliche Zahl erreichter Kinder und Eltern noch deutlich über die unmittelbar angesprochenen Teilnehmer hinausgeht.

Das Elterntraining bietet daher sowohl im präventiven als auch im stationären Bereich eine ebenso hilfreiche wie effektive Möglichkeit, die Erziehungskompetenz von Familien zu erhöhen.

Weitere Einsatzgebiete können die Vorbereitung und Begleitung von Pflegefamilien oder Adoptivfamilien sein.

Obwohl der Gedanke nahe liegen mag und auch von betroffenen Eltern immer wieder vorgeschlagen wird, das Elterntraining als Vorbereitung für alle Eltern anzubieten, ist ein Angebot z. B. über Volkshochschulen und ähnliche Einrichtungen nicht empfehlenswert, da hier die Unverbindlichkeit zu groß ist.

Bei aller Kleinschrittigkeit berührt das Elterntraining doch sehr persönliche Bereiche und fordert auch die Teilnehmer persönlich und in ihrer Persönlichkeit. Dies wird nur toleriert, wenn ein gewisser Leidensdruck vorhanden ist, der den Eltern dies der Mühe wert erscheinen lässt. Ansonsten ist das Risiko hoch, dass die Fluktuation in der Gruppe in dem Moment wächst, wo kritische Bereiche tangiert werden. Eine nur gelegentliche Teilnahme widerspricht jedoch dem Charakter und Ziel des Rendsburger Elterntrainings völlig und schadet auch der Gruppendynamik ganz erheblich.

Das Elterntraining sollte von Anfang an eine gewisse Verbindlichkeit haben und von den Eltern auch als spezielle Maßnahme, die ihnen ermöglicht wird, geschätzt werden. Insofern sollte eine wie auch immer geartete und sei es sehr lose Anbindung an eine fachlich qualifizierte Institution bzw. die Zuweisung und Auswahl durch diese angestrebt werden.

In verschiedenen Teilen Deutschlands wird das Rendsburger Elterntraining sowohl von Jugendämtern als auch von freien Trägern, z. T. flächendeckend, seit langem durchgeführt. Durch seine Dauer (ca. sechs Monate einmal pro Woche zwei Stunden) und Intensität bietet es eine realistische Chance, tatsächlich Verhaltensänderungen bei Eltern und Kindern zu erreichen.

Infokasten 33 fasst die Vorteile und Stärken des Rendsburger Elterntrainings noch einmal zusammen:

Infokasten 32: Vorteile und Stärken des Rendsburger Elterntrainings

- erreicht „einfach strukturierte" Eltern, nicht mittelschichtorientiert,
- kein Problembewusstsein nötig,
- deutliche Steigerung der Erziehungskompetenz,
- vielseitiges Handwerkszeug für die Eltern, nicht nur Verhaltenstherapie,
- Schwerpunkt: praktisches Einüben von Verhalten → Transfer in die Praxis,
- Verhaltensänderungen brauchen Zeit → sechs Monate sind ein Zeitraum, in dem Verhaltensänderungen möglich sind; dies lässt sich nicht abkürzen durch ein kürzeres Programm;
- als Jugendhilfeangebot geeignet,
- sowohl präventiv als auch ambulante oder stationäre Hilfen begleitend einsetzbar; Mischung der Eltern ist möglich,
- seit über 30 Jahren bewährt,
- gleichzeitig inhaltlich und ökonomisch sinnvolles Programm:
  - Gruppenform,
  - wenn weitergehende Maßnahmen vermieden oder verkürzt werden: Ersparnis, Kurs rechnet sich schnell,
  - „Streueffekt" bezüglich Geschwisterkindern,
  - häufig weitere Treffen i. S. einer Selbsthilfegruppe, wird durch die besondere Atmosphäre im Kurs gefördert, soziales Netz wird erweitert durch freundschaftliche Beziehungen,
  - Eltern äußern häufig: „Habe schon alles probiert, aber das Elterntraining bringt etwas",
- Einordnung in §§ SGB VIII kann unterschiedlich sein.

Einsatzmöglichkeiten

In den Kindertagesstätten kommt v.a. das Rendsburger Elterntraining für das Kindergartenalter zum Einsatz, das aus 14 Einheiten besteht und speziell für diese Altersgruppe modifiziert wurde.

Als Hilfe für den schulischen Bereich steht das Rendsburger Lehrertraining zur Verfügung, das den Lehrkräften vielfältige Hilfen für den Umgang mit Schülern und Eltern an die Hand gibt. Es ist von derselben wertschätzenden Grundhaltung geprägt wie das Elterntraining und genauso praxisorientiert.

Informationen über die Trainings und die Ausbildung darin sind über die Website www.rendsburger-elterntraining.de bzw. www.rendsburger-lehrertraining.de erhältlich.

6

Abschlussbemerkungen

Ich hoffe, Sie finden dieses Buch hilfreich und nützlich für Ihre Arbeit und es hat Ihnen die eine oder andere Anregung geben können. Es würde mich freuen, Rückmeldung zu bekommen über Themen oder Teilbereiche, die Ihnen besonders wichtig waren – oder die gefehlt haben. Wer sich für die Ausbildung im Rendsburger Elterntraining interessiert, findet nähere Informationen unter www.rendsburger-elterntraining.de. Ich wünsche allen Lesern viel Erfolg und Freude an ihrer Arbeit, immer wieder neue Ideen für unerwartete Situationen und die richtige Mischung aus Herzblut und Fachlichkeit.

> *Sage es mir – und ich werde es vergessen.*
> *Zeige es mir – und ich werde mich erinnern.*
> *Beteilige mich – und ich werde es verstehen.*
> Lao-Tse

Glossar

Achtsamkeit Die gesamte Aufmerksamkeit ganz bewusst und detailliert auf eine Wahrnehmung, z. B. ein Geräusch, einen Geschmack oder einen visuellen Eindruck, in diesem Moment richten, sich ganz darauf konzentrieren und alles andere ausblenden.

ADHS Aufmerksamkeits-Defizit-Hyperaktivitätsstörung. Die Kinder können ihre Aufmerksamkeit nicht richten, sondern reagieren auf jeden Reiz. Die Störung tritt entweder mit oder ohne (dann: ADS) körperliche Unruhe auf. Die Kinder können z. B. nicht stillsitzen, reden auch sehr viel und sind impulsiv. Die Störung ist zumindest teilweise genetisch bedingt und führt durch ungünstige Reaktionen der Umwelt häufig zu sekundären Verhaltensauffälligkeiten. ADHS ist durch eine Kombination von Psychoedukation, Medikation und Aufmerksamkeitstraining sowie ggf. Psychotherapie gut behandelbar. Eine durch Hirnreifung bedingte Besserung in der Pubertät ist nur bei etwa 20 % der Betroffenen zu erwarten, alle anderen müssen ihr Leben lang damit zurecht kommen. Daher ist es wichtig, dass die Kinder im Sinne von Selbstmanagement lernen, mit der Störung umzugehen. Die Symptomatik ändert sich im Erwachsenenalter. So wandelt sich die motorische Unruhe in eine eher innere Unruhe.

Advanced organizers Didaktisches Prinzip, das den Lernerfolg verbessert. Zu Beginn einer Lerneinheit wird das Lernziel mitgeteilt, also was gelernt werden soll. Dadurch wird die Aufmerksamkeit der Zuhörer gezielt auf den wesentlichen Lerninhalt ausgerichtet, anstatt dies dem Zufall zu überlassen.

Amygdala Mandelkern. Hirnbereich, der bei Angst und in traumatischen Situationen aktiviert wird.

Ankerreize Bestimmte Reize, z. B. Bilder oder anschauliche Begriffe, die dazu führen, dass Informationen besser erinnert werden bzw. besser abrufbar sind.

Assertives Training Selbstsicherheitstraining. Gezieltes, verhaltenstherapeutisches Training selbstsicheren Verhaltens unter Einbeziehung verbalen und nonverbalen Ausdrucks.

Attribuieren/Attribution Einem Menschen z. B. eine bestimmte Eigenschaft oder Fähigkeit „zuschreiben", auch im Sinne von Kausalität z. B. bezogen auf ein Ergebnis. „Ihr Kind hat sich verändert, weil Sie etwas anders gemacht haben" (und nicht etwa durch Zufall).

Autoritativer Erziehungsstil Synonym für sozialintegrativer, demokratischer, partnerschaftlicher Erziehungsstil. Dieser Erziehungsstil verbindet einen wertschätzenden, respektvollen und empathischen Umgang mit dem Kind mit angemessener Grenzsetzung. Hat sich im Gegensatz zum autoritären oder Laissez-faire-Erziehungsstil als günstig und förderlich für die Persönlichkeitsentwicklung von Kindern erwiesen.

Belohnung Begriff aus der Lerntheorie: Positive Verstärkung. Erhöht die Auftretenswahrscheinlichkeit eines Verhaltens.

Belohnungszentrum Bereich im Gehirn (im Nucleus accumbens), der bei Belohnung Dopamin ausschüttet, was wir als angenehm empfinden und weshalb wir mehr davon wollen. Physiologische Grundlage für die Wirkung positiver Verstärkung.

Bestrafung Begriff aus der Lerntheorie: ein unangenehmes Ereignis, das auf ein Verhalten folgt. Verringert die Auftretenswahrscheinlichkeit eines Verhaltens, solange die unangenehme Folge droht. Führt nicht zum Umlernen des Verhaltens.

Bindung Begriff aus der von John Bowlby begründeten Bindungstheorie. Bindung entsteht zwischen Mutter und Kind, wenn die Signale des Kindes zuverlässig und angemessen beantwortet werden. Das Hormon Oxytocin unterstützt Bindung auf der physiologischen Ebene.

Bindungstheorie Theorie über das Entstehen und die Wirkung von Bindung. Unterschieden werden verschiedene Arten von Bindung, die sich unterschiedlich auf die psychische Verfassung und das Verhalten des Kindes auswirken. Unterschieden werden sichere vs. unsicher-vermeidende vs. unsicher-ambivalente vs. desorganisierte Bindung und Bindungsstörung.

Blitzlicht Methode in Gruppen: Jeder sagt in ein/zwei Sätzen, wie er sich jetzt im Moment fühlt. Gibt einen guten Überblick über die aktuelle Situation in der Gruppe.

Broken Home Für ein Kind nachteilige Situation durch „Auseinanderbrechen" der Familie.

Cluster Eine Anhäufung oder Gruppierung von Personen oder Dingen gleicher Charakteristik.

Coping Das Bewältigen einer Situation, einer Schwierigkeit, eines Problems.

Depression Schwerwiegende und häufige psychische Erkrankung, die lebensbedrohend sein kann wegen möglicher Suizidalität. Depressionsauslösende Faktoren sind: Verstärkerverlust (es gibt keine Freude mehr im Leben), mangelnde Selbstwirksamkeit (der subjektive Eindruck, die Dinge um einen herum nicht beeinflussen zu können), als Sonderform kommt auch die lichtabhängige Depression vor. Mit Verhaltenstherapie gut behandelbar. Sport und jede Art von Aktivierung wirkt wie ein mildes Antidepressivum.

Defizitäres Verhalten Ein „mangelhaftes", unerwünschtes Verhalten.

Diagnostisches Rollenspiel Nachspielen einer real abgelaufenen Situation mit dem Ziel, Zusammenhänge in der Interaktion zu erkennen.

Differentielle Verstärkung Gezieltes positives Verstärken ausgewählter erwünschter Verhaltensaspekte.

Dissoziation Heraustreten aus der Situation, „sich wegträumen", Schutzmechanismus in der traumatischen Situation; kann bei Rückerinnerung daran wieder auftreten.

Dopamin Neurotransmitter. Wird u. a. ausgeschüttet im Belohnungszentrum, erzeugt angenehme Gefühle, so dass wir mehr davon wollen.

Egozentrisches Selbstbild Überzeugung kleiner Kinder, die sich als Zentrum der Welt erleben: „Alles in der Welt geschieht wegen mir".

EMDR Eye Movement and Desensitization. Sehr effektive Form der Traumatherapie.

Empathie Einfühlungsvermögen, Mitgefühl. Wird erst mit Hilfe der Spiegelneuronen möglich.

Extinction burst Vorübergehende Zunahme eines Verhaltens bei Löschung.

Exzessives Verhalten Ein Verhalten, das zu viel und überschießend ist.

Feedback Rückmeldung, jemandem mitteilen, wie sein Verhalten auf mich gewirkt hat.

Flashback Überfallartige, nicht steuerbare Rückerinnerung an die traumatische Situation, die dann genauso lebhaft und real erlebt wird wie bei der tatsächlichen Traumatisierung.

Gesprächstherapie Charakteristika der Gesprächspsychotherapie: Nondirektiv, wertschätzend, Verbalisierung emotionaler Erlebnisinhalte und Echtheit.

Hyperaktivität Übersteigerter Bewegungsdrang. Kann unterschiedliche Ursachen haben: ADHS, PTSD oder einfach besonders viel Energie. Dem Kind sollte viel Bewegung ermöglicht werden, am besten in Form von vestibulärer Stimulation (s. dort).

Ich-Botschaften Äußern der eigenen Gefühle in der Ich-Form.

Intermittierende Verstärkung Positive Verstärkung in unregelmäßigen Abständen. Festigt ein Verhalten besonders gut und macht es löschungsresistent.

Intrusionen Sich aufdrängende Wahrnehmung aus der traumatischen Situation, z. B. ein Geräusch, das immer wieder „gehört" wird.

In vivo Live. Etwas wird real durchgeführt, also nicht nur in der gedanklichen Vorstellung.

Katamnese Nachbefragung, mit der die langfristige Wirkung z. B. einer Therapie oder einer anderen Intervention festgestellt werden soll.

Kontingentes Verstärken Promptes, zeitnahes Verstärken, so dass der Zusammenhang zu dem gezeigten Verhalten unmittelbar gegeben ist.

Lerntheorien Theorien über das Entstehen von Verhalten. Verschiedene Autoren haben zu dieser Frage unterschiedliche Theorien entwickelt, auf denen auch die Verhaltenstherapie basiert. Beispiele für Lerntheorien sind Klassische Konditionierung (Pawlow), Operantes Konditionieren (Skinner), Soziales Lernen, Lernen am Modell (Bandura).

Löschung Verlernen von Verhalten durch Nicht-Beachten, d. h. Verstärkerentzug.

Metakommunikation Die Kommunikation in Hinblick auf Art und Stil usw. selbst wird zum Gesprächsthema.

Modelllernen Lernen durch Beobachtung eines Modells, Lernen durch Nachahmung. Funktioniert über die Spiegelneuronen. Dabei hängt es von positiven Charakteristika ab, ob eine Person Modell für jemand ist.

Münzverstärkungssystem Übersetzung für Token-System (s. dort).

Neurowissenschaften Die Neurowissenschaften, Neuropsychologie und Neurobiologie, beschäftigen sich mit den neurologischen Grundlagen von Verhalten, Empfindungen, Gefühlen etc.

Operationalisieren Beschreiben einer Handlung als beobachtbares Verhalten. Dadurch wird die Beschreibung detailliert, konkret, genau, anschaulich und unmissverständlich.

Overprotective Überbehütend. Verhalten von Eltern, die ihren Kindern aus Ängstlichkeit zu wenig Entwicklungs- und Entdeckerspielraum lassen.

Oxytocin Bindungshormon. Bringt nicht nur den Milchfluss bei Müttern in Gang, sondern fördert jegliche Bindung zwischen Menschen. Ist auch bei Verliebtheit im Spiel.

Posttraumatische Belastungsstörung PTSD/PTBS Psychische Erkrankung in Folge eines unverarbeiteten Traumas. Typische Symptome: Alpträume, Schlafstörungen, Vigilanz, Depressionen, tiefe Verunsicherung, Intrusionen, Flashbacks, Unruhe, Ängste, Konzentrationsstörungen, dissoziative Störungen. Gut behandelbar mit EMDR.

Psychoedukation Patienten/Betreute über ihre Störung/Erkrankung eingehend informieren hinsichtlich Ursachen, Verlauf und Behandlungsmöglichkeiten sowie unterstützende Möglichkeiten der Umwelt. Ziel ist es dabei, den Patienten zum Experten in eigener Sache zu machen, damit er sich möglichst gut selbst helfen kann.

Reaktanz Neigung, grundsätzlich das Gegenteil von dem zu tun, was das Gegenüber sagt.

Resilienz Widerstandsfähigkeit. Manche Menschen bleiben trotz widrigster Umstände gesund. Die Resilienzforschung erforscht die schützenden Faktoren, die dies bewirken.

Response cost Begriff aus der Verhaltenstherapie. Verstärkerentzug bei unerwünschtem Verhalten.

Selbstwirksamkeit Der Eindruck, die Dinge beeinflussen zu können. Wesentlicher Faktor psychischer Gesundheit.

Shaping Sukzessiver, allmählicher Verhaltensaufbau durch differentielle Verstärkung.

Time out Verhaltenstherapeutische Methode, „Auszeit". Das Kind wird bei unerwünschtem Verhalten für kurze Zeit in einen reizarmen Raum gebracht (Verstärkerentzug). Nach zwei bis drei Minuten bekommt es eine neue Chance, sich angemessen zu verhalten.

Tokensysteme Münzverstärkungssysteme. Verhaltenstherapeutische Methode, mit der erwünschtes Verhalten gezielt positiv verstärkt und auf diesem Wege neues Verhalten aufgebaut werden kann. Die Tokens sind dabei stellvertretende Verstärker, die gegen tatsächliche Verstärker eingetauscht werden können.

Trauma/Traumatisierung Belastendes Ereignis mit außergewöhnlicher Bedrohung oder von katastrophenartigem Ausmaß.
Kleine/große Traumata – Trennung der Eltern, Zurückweisung massiver Art, bei ADHS-Kindern die tägliche Ablehnung und Erfahrung von Abwertung, aber auch Mobbing in der Schule etc., Unfälle, Gewalt, Krieg, Katastrophen, Tod, Überfall etc.
Singuläre/multiple Traumata – ein einmaliges schreckliches Ereignis, wie z. B. ein Autounfall, oder dasselbe traumatische Erlebnis stößt einen Menschen mehrfach zu und bleibt kein einmaliges Ereignis.
Einfache/komplexe Traumata – bei manchen Menschen häufen sich ungewöhnliche schreckliche Erlebnisse im Laufe ihres Lebens, dann sprechen wir von komplexer Traumatisierung.

Sequentielle Traumata – in manchen Fällen erstreckt sich eine Traumatisierung über einen längeren Zeitraum und lässt sich nicht auf einzelne konkrete Ereignisse reduzieren. Dies ist z. B. der Fall, wenn ein Kind über einen längeren Zeitraum extrem vernachlässigt oder immer wieder misshandelt wird. Dann sprechen wir von einer sequentiellen Traumatisierung.

Triggern Ein Trauma triggern: Die Rückerinnerung an ein Trauma wachrufen, z. B. durch Elemente, die denen der traumatischen Situation ähneln (ein bestimmter Geruch, ein bestimmtes Geräusch, die äußerliche Ähnlichkeit einer Person etc.).

Validieren Die Gefühle oder Wahrnehmungen einer Person als zutreffend und wahr bestätigen.

Vestibuläre Stimulation Anregung des Gleichgewichtsorgans. Wirkt psychisch ausgleichend und aufmerksamkeitssteigernd.

Vigilanz Anspannungszustand nach Traumatisierung, ständiges „Auf-dem-Sprung-Sein" in Erwartung einer erneuten Traumatisierung.

Verzeichnis der Infokästen

Infokästen für Fachleute

Infokasten 1:	Grundlagen erfolgreicher Elternarbeit	13
Infokasten 2:	Einfache Sprache	18
Infokasten 3:	Ausgangssituation bei den Eltern	22
Infokasten 4:	Eltern Defizite ihrer Kinder verständlich vermitteln	43
Infokasten 5:	Formen der Elternarbeit	52
Infokasten 6:	Kurzinformation zum Rendsburger Elterntraining	55
Infokasten 7:	Aufbau und Elemente des Rendsburger Elterntrainings	58
Infokasten 8:	Aufbau des Rendsburger Elterntrainings im Detail	59
Infokasten 9:	Das Programm des Rendsburger Elterntrainings	60
Infokasten 10:	„Führerschein"	64
Infokasten 11:	Verantwortungsbewusstsein	64
Infokasten 12:	Die Einführungs- und Sensibilisierungsphase	67
Infokasten 13:	Gleichgewicht zwischen den drei Faktoren in der Elternkursgruppe	80
Infokasten 14:	Die gesprächstherapeutische Phase	80
Infokasten 15:	Das Erste Lerngesetz	83
Infokasten 16:	Token-Systeme	90
Infokasten 17:	Das Zweite Lerngesetz	92
Infokasten 18:	Das Dritte Lerngesetz	96
Infokasten 19:	Die lerntheoretische Phase	103
Infokasten 20:	Die kommunikationstheoretische Phase	108
Infokasten 21:	Die Konfliktlösungsphase	110
Infokasten 22:	Familiäre Schutz- und Risikofaktoren	113
Infokasten 23:	Günstige vs. ungünstige Kommunikationsmerkmale	114

Infokasten 24:	Wie können Eltern das Resilienzvermögen ihrer Kinder steigern?	115
Infokasten 25:	Aggressionsfördernder Erziehungsstil	118
Infokasten 26:	Charakteristika und Vorteile des Rendsburger Elterntrainings	123
Infokasten 27:	Faktoren, durch die das Rendsburger Elterntraining die Erziehungskompetenz erhöht	124
Infokasten 28:	Welche Eltern werden durch das Rendsburger Elterntraining erreicht?	125
Infokasten 29:	Organisationsformen des Elterntrainings bei stationärer Unterbringung (Variante A)	147
Infokasten 30:	Organisationsformen des Elterntrainings bei stationärer Unterbringung (Variante B)	147
Infokasten 31:	Organisationsformen des Elterntrainings bei stationärer Unterbringung (Variante C)	148
Infokasten 32:	Vorteile und Stärken des Rendsburger Elterntrainings	151

Infokästen für Eltern

Die Welt entdecken mit allen Sinnen – jeden Tag neue Abenteuer erleben!	26
„Die Welt dreht sich um mich" – das egozentrische Weltbild des Kindes	28
Schlaf, Kindchen, schlaf …	31
Wir werden das Kind schon schaukeln!	40
Zwischen den Welten	45
Die Sprache des Babys	100
Kleine Kinder erforschen die Welt	134

Literatur

Ayres, A. J. (2002): Bausteine der kindlichen Entwicklung, Heidelberg

Aspy, D. & Roebuck, F. (1973): An investigation of the relationship between student levels of cognitive functioning and teacher's classroom behaviour. In: Journal of Educational Research, 65

Bandura, A. (1997): Self-Efficacy: Toward a unifying theory of behavioral change. In: Psyochological Review, 84, 191–215

Bauer, J. (2006): Warum ich fühle, was Du fühlst, Hamburg

Bauer, J. (2006): Spiegelneurone. In: Caspary, R.: Lernen und Gehirn, Freiburg

Biddulph, St. (1999): Das Geheimnis glücklicher Kinder, München

Brisch, K.-H. (2006): Kinder ohne Bindung, Stuttgart

Brisch, K.-H. (2010): SAFE, Stuttgart

Brooks, R. & Goldstein, S. (2007): Das Resilienzbuch, Stuttgart

Caspary, R. (2006): Lernen und Gehirn, Freiburg

Cohn, R. C. (1975): Von der Psychoanalyse zur themenzentrierten Interaktion, Stuttgart

Dodge, K. A., Pettit, G. S. & Bates, J. E. (1994): Socialization mediators of the relation between socioeconomic status and chills conduct problems. In: Child Development, 65, 649–665

Dunn, J., Brown, J. & Beardsall, L. (1991): Family Talk about feeling states and children's later understanding of other's emotions. In: Developmental Psychology, 27

D'Zurilla, T. J. & Goldfried, M. R. (1971): Problem solving and behavior modification. In: Journal of Abnormal Psychology, 78, 107–126

Egert, S. (1979): Elterntraining bei einer ambulanten Erziehungshilfe. In: Praxis der Kinderpsychologie und Kinderpsychiatrie, 2

Egert, S. (1985): Elternarbeit bei ambulanten Gruppen. In: EREV Hannover, Fortbildungsbrief, 1

Egert, S. (1991): Filmen und Verhaltensänderung. In: medien und erziehung, 3

Egert, S. (2009): Zur Wirksamkeit des Rendsburger Elterntrainings®. In: Jugendhilfe

Egert, S. (2009): Zur Evaluation des Rendsburger Elterntrainings®. In: EREV Hannover, Evangelische Jugendhilfe, 5

Egert, S. (2010): Das Rendsburger Lehrertraining. In: EREV Hannover, Evangelische Jugendhilfe, 4

Egert-Rosenthal, S. (1997): Elterntraining bei stationärer Unterbringung. In: EREV Hannover, Familienaktivierende Konzepte, 4

Egert-Rosenthal, S. (2002): Das Rendsburger Elterntraining – ein effektives Programm zur Veränderung des Erziehungsverhaltens seit mehr als 25 Jahren. In: Zentrum für Praxis und Theorie der Jugendhilfe Güstrow, kinder und jugendhilfe, 4

Egert-Rosenthal, S. (2005): Das Rendsburger Elterntraining. In: Landeskommission Berlin gegen Gewalt (Hrsg.): Berliner Forum Gewaltprävention, Themenschwerpunkt: Elternkurse, 19

Egert-Rosenthal, S. (2006): 30 Jahre Rendsburger Elterntraining. In: EREV Hannover, Evangelische Jugendhilfe, 3

Eickhoff & Zinnecker (2000): Schutz oder Risiko, Familienumwelten im Spiegel der Kommunikation zwischen Eltern und ihren Kindern. In: BZgA, Forschung und Praxis der Gesundheitsförderung, 11

Goldfried, M. R. & Goldfried, A. P. (1977): Kognitive Möglichkeiten der Verhaltensänderung. In: Kanfer, F. H. & Goldstein, A. P.: Möglichkeiten der Verhaltensänderung, München

Gordon, Th. (1972): Familienkonferenz, Hamburg

Grawe, K. (2004): Neuropsychotherapie, Göttingen

Grawe, K. (2004): Vortrag auf dem 15. Kongress für Klinische Psychologie, Psychotherapie und Beratung, Berlin, März 2004. In: Psychotherapeutenjournal, 3, 239–240

Grawe, K. (2005): Wie kann Psychotherapie durch empirische Validierung wirksamer werden? In: Psychotherapeutenjournal, 1, 4–11

Greenberg, M. T., Speltz, M. L. & DeKlyen, M. (1993): The role of attachment in the early development of disruptive behavior problems. In: Development and Psychopathology, 5, 191–213

Hellbrügge, Th., Lajosi, F. & Menara, D. (2002): Fortschritte der Sozialpädiatrie, 4: Münchner Funktionelle Entwicklungsdiagnostik, Lübeck

Kiphard, J. (2006): Wie weit ist ein Kind entwickelt?

Korner, A. F., Kraemer, H. C., Haffner, M. E. & Cosper, I. M. (1975): Effects of waterbed floatation on premature infants: A pilot study. In: Pediatrics, 56, 361–366

Korner, A. F. & Schneider, P. (1983): Effects of vestibular-proprioceptive stimulation on the neurobehavioral development of preterm infants: A pilot study. In: Neuropediatrics, 14, 170–175

Korte, M. (2009): Wie Kinder heute lernen, München

Kraus, J. (2006): Was hat Bildung mit Gehirnforschung zu tun? In: Caspary, R.: Lernen und Gehirn, Freiburg, 142–156

Loeber, R. (1990): Development and risk factors of juvenile anti-social behavior and delinquency. In: Clinical Psychology Review, 10, 1–41

Lieberman, M. et al. (2007): Putting feelings into words: Affect labeling disrupts amygdala activity in response to affective stimuli. In: Psychological Science, 18, 421–428

Mason, W. A. & Berkson, G. (1975): Effects of maternal mobility on the development of rocking and other behaviors in rhesus monkeys: A study with artificial mothers. In: Developmental Psychobiology, 8, 197–221

Miller, N. B., Cowan, P. A., Cowan, C. P., Hetherington, E. M. & Clingempeel, W. G. (1993): Externalising behavior in preschoolers and early adolescents: a cross-study replication of a family model. In: Developmental Psychology, 29, 3–18

Patterson, G. R., Capaldi, D. & Bank, L. (1991): An early starter model for predicting delinquency. In: Pepler, D. J. & Rubin, K. H. (Eds.): The development and treatment of childhood aggression, Hillsdale, 139–168

Pennebaker, J. (1995) (Ed.): Emotion, disclosure & health. American Psychological association, Washington

Pennebaker, J. & Seagal, J. (1999): Forming a story: The health benefits of narrative. In: Journal of Clinical Psychology, 55, 1243–1254

Petermann, F., Döpfner, M. & Schmidt, M. (2001): Aggressiv-dissoziale Störungen, Göttingen

Petermann, U. (2001): Die Kapitän-Nemo-Geschichten, Freiburg

Petermann, U. (1993): Die Kapitän-Nemo-Geschichten, Audio

Prescott, J. W. (1970): Early somatosensory deprivation as an ontogenetic process in the abnormal development of the brain and behavior. In: Goldsmith, I. E. & Moor-Jankowski, J. (Eds.): Medical Primatology, New York, 356–375

Prescott, J. W. (1980): Somatosensory Affectional Deprivation (SAD). Theory of drug and alcohol abuse. In: Lettieri, D. J., Sayers, M., Wallensteen, Pearson, H. (Eds.): Theories on drug abuse, 286–296

Reitzle, M., Winkler-Metzke, Ch. & Steinhausen, H.-Ch. (2001): Eltern und Kinder: Der Zürcher Kurzfragebogen zum Erziehungsverhalten (ZKE). In: Diagnostica, 47, Heft 4, 196–207, Göttingen

Rosenzweig, D., Farber, B. & Geller, J. (1996): Client's representations of their therapists over the course of Psychotherapy. In: Journal of clinical psychology, 52, 197–207

Roth, G. (2006): Möglichkeiten und Grenzen von Wissensvermittlung und Wissenserwerb. In: Caspary, R.: Lernen und Gehirn, Freiburg, 54–69

Schneewind, K. (1995): Kinder und Jugendliche im Kontext der Familie: Strategien für eine entwicklungsförderliche Erziehung. In: Edelstein, W. (Hrsg.): Entwicklungskrisen kompetent meistern: Der Beitrag der Selbstwirksamkeitstheorie von Albert Bandura zum pädagogischen Handeln, Heidelberg, 43–51

Schwäbisch, L. & Siems, M. (1972): Anleitung zum sozialen Lernen für Paare, Gruppen und Erzieher, Reinbek

Sinclair, A. & Harris, P. L. (1991): A longitudinal study of children's talk about emotion. Unpublished manuscript, Department of Experimental Psychology, Oxford University, Oxford

Snyder, J., Schrepfmann, L. & Peter, C. St. (1997): Origins of antisocial behavior. Negative reinforcement and affect dysregulation as socialization mechanisms in family interaction. In: Behavior Modification, 21, 187–215

Spangler, G. & Schieche, M. (1998): Emotional and adrenocortical responses of infants to the strange situation. The differential function of emotional expression. In: International Journal of Behavioral Development, 22, 681–706

Spitzer M. (2006): Medizin für die Schule. In: Caspary, R.: Lernen und Gehirn, Freiburg, 23–35

Tausch, R. & Tausch, A. (1998): Erziehungspsychologie, 11. Aufl., Göttingen

Tausch, R. (2007): Gesundheitsförderung: Herausforderungen für die personenzentrierte Gesprächspsychotherapie/Beratung und für alltägliche zwischenmenschliche Beziehungen. In: report psychologie, 32, 4, 168–177

Marga Rothe

Sozialpädagogische Familien- und Erziehungshilfe

Eine Handlungsanleitung

6. Auflage 2011
116 Seiten. Kart.
€ 15,90
ISBN 978-3-17-020528-4

Diese praxisbezogene Handlungsanleitung richtet sich sowohl an den Mitarbeiter in der sozialpädagogischen Familien- und Erziehungshilfe als auch an den Anstellungsträger. Sie bietet ein konkretes Handlungskonzept, das eine vertrauensvolle Zusammenarbeit zwischen Familienhelfer, Familie und Jugendamt ermöglicht und Wege zum Verstehen in Familie und Partnerschaft aufzeigt. Eine Fülle von Übungen, die mit den Familien gemeinsam durchgeführt werden können, erleichtern eine praxisnahe Umsetzung. Berichtsraster, Selbsthilfepläne und Übungen sind von vielen Familienhelfern in langen Jahren praktischer Arbeit erprobt und ausgewählt.

▶ www.kohlhammer.de

W. Kohlhammer GmbH · 70549 Stuttgart
Tel. 0711/7863-7280 · Fax 0711/7863-8430

Oliver Hechler

Hilfen zur Erziehung

2011. 152 Seiten mit
14 Abb. Kart.
€ 15,80
ISBN 978-3-17-021805-5

Fördern lernen, Band 21

Neben der Schule ist die Kinder- und Jugendhilfe, und hier insbesondere die Hilfen zur Erziehung, der zentrale Tätigkeitsbereich professioneller Pädagogen. Die Hilfen zur Erziehung sind zwar vom Gesetzgeber formaljuristisch geregelt, stellen aber die in dem Bereich tätigen Pädagogen vor die Aufgabe, den gesetzlich vorgegebenen Rahmen fachlich auszukleiden.

Hier setzt das Buch an. Es liefert eine praxisorientierte Einführung in die Hilfen zur Erziehung aus pädagogischer Sicht. Es stellt dazu die unterschiedlichen Hilfen zur Erziehung auf eine pädagogische Basis und gibt Auskunft über die sinnvolle Ausgestaltung und Umsetzung der jeweiligen Hilfe. Die Darstellung wird mit Beispielen aus der Praxis der erzieherischen Hilfen veranschaulicht.

▶ www.kohlhammer.de

W. Kohlhammer GmbH · 70549 Stuttgart
Tel. 0711/7863-7280 · Fax 0711/7863-8430

Sabine Weinberger
Helga Lindner

Personzentrierte Beratung

2011. 136 Seiten. Kart.
€ 14,90
ISBN 978-3-17-021559-7

Fördern lernen, Band 15

Die Personzentrierte Beratung, entwickelt von dem amerikanischen Psychologen Carl R. Rogers, zählt zu den wichtigsten und wirksamsten Verfahren in Therapie und Beratung. Im Schulalltag hat der Personzentrierte Ansatz seinen Platz, weil für die Belastungen im Lehrerberuf weit weniger die Wissensvermittlung als vielmehr der Umgang mit Schülern, Eltern und Kollegen verantwortlich ist. Der schulische Alltag ist von Auseinandersetzungen und Konfliktgesprächen geprägt. Lehrer sehen sich oft in der Rolle des Vermittlers und Schlichters zwischen Schülern, Kollegen und Eltern, wobei unterschiedliche Interessen und Erwartungen ausbalanciert werden müssen. Das Buch zeigt, wie mit dem Personzentrierten Ansatz Lernprozesse gefördert, die Kommunikation zwischen Pädagogen und Schülern verbessert und gezielt Beratungs- und Krisensituationen gemeistert werden können.

▶ www.kohlhammer.de

W. Kohlhammer GmbH · 70549 Stuttgart
Tel. 0711/7863 - 7280 · Fax 0711/7863 - 8430